ELÉVATE

El *Poder* de los *Cristales*

Tu guía con más de 100 cristales

Texto principal: Fiona Toy
Descripción de los cristales: Hinkler y Fiona Toy
Traducción: Pilar Tutor
Diseño del interior: Lisa Robertson
Diseño e ilustración de caja y cubierta:
Rachael Jorgensen y Hinkler Studio

Imágenes © Hinkler Pty Ltd, Stock.adobe.com
o Shutterstock.com

© Hinkler Pty Ltd
Imágenes © Hinkler Pty Ltd o Shutterstock.com
© Susaeta Ediciones S. A.
Tikal Ediciones
C/ Campezo, 13 - 28022 Madrid
Tel.: 91 3009100
www.susaeta.com

ISBN: 978-84-9928-535-1
Impreso y encuadernado en China

ELÉVATE

El **Poder** de los *Cristales*

Tu guía con más de 100 cristales

Fiona Toy

TIKAL

CONTENIDO

Introducción

Los cristales curativos aprovechan el potencial único de las piedras preciosas y los minerales para mejorar la salud y la armonía interior. Este libro te ayudará a comprender el poder de los cristales y los sencillos pasos que puedes dar para incorporarlos a tu vida.

Durante miles de años, los cristales han sido muy apreciados, no solo por su belleza y rareza, sino también por las virtudes y cualidades que se consideraba que poseían. Mucho más que simples adornos, han sido utilizados por curanderos, chamanes, además de por los poderosos, para protegerse, purificarse y adquirir conocimientos. Gran parte de nuestra joyería actual ha evolucionado a partir del uso de cristales con fines curativos y como amuletos y talismanes.

A menudo calificados como «las flores del reino mineral», los cristales han fascinado a la humanidad desde los tiempos más remotos. Se han encontrado en las tumbas y templos de los antiguos egipcios. En la mitología griega existen referencias a los poderes mágicos de los cristales y explicaciones sobre cómo se formaron. El libro del Éxodo describe el pectoral del sumo sacerdote con doce cristales incrustados, que le proporcionaban sabiduría y conocimiento. Plinio hizo un registro de las propiedades que se creía que tenían los cristales en aquella época, incluida su capacidad para replicarse.

Los cristales se extrajeron y utilizaron ampliamente durante toda la Edad Media. A menudo se consideraba que poseían poderes mágicos y energías curativas, y con frecuencia se molían hasta convertirlos en polvo y se mezclaban con agua para tomarlos como medicinas. Los nativos americanos usaron al menos ochenta cristales diferentes. Muchos de ellos se empleaban en ceremonias curativas y espirituales o se llevaban como talismanes.

Antes, los cristales se clasificaban solo por su color. Los antiguos no tenían forma de distinguir entre la fluorita púrpura y la amatista; el lapislázuli se conocía como «zafiro» y los cristales rojos como «rubíes». En 1546, *De Natura Fossilium*, de Georgius Agricola, identificó los cristales y otros minerales por su dureza, brillo y color, sistema que constituye la base de la clasificación mineral actual.

¿Qué son los cristales?

Un cristal es un mineral o una combinación de minerales que se ha formado con una estructura regular y geométrica. Unos cristales se crean cuando la lava del núcleo de la Tierra se abre paso a través de la roca, enfriándose lentamente. Algunos son el resultado de la fusión de minerales en la superficie de la Tierra, mientras que otros se forman cuando un mineral se somete a una enorme presión y se expone al calor en las profundidades de la corteza terrestre.

El cristal de cuarzo está hecho de sílice, uno de los compuestos más comunes de la Tierra y uno de los componentes del cuerpo humano. Una gran variedad de cristales pertenecen a la familia del cuarzo.

Tipos de cristales

Cristales de una sola punta

También se llaman cristales generadores. En un extremo se unen todas las caras de este cristal en un mismo punto, es lo que se conoce como «vértice de terminación». El otro extremo del cristal estuvo unido en su día a la base de un grupo de cristales y puede tener otros cristales más pequeños unidos a él. Se dice que la energía fluye desde el cristal hacia el exterior a través del vértice.

Cristales de doble punta

Estos cristales tienen una punta en cada extremo. Esto demuestra que se formaron en un entorno, como la arcilla blanda, donde pudieron desarrollar plenamente su estructura natural. Los cristales de doble punta se consideran poderosos porque su forma les permite liberar energía por ambos extremos.

Clústeres o racimos

A menudo, un gran número de cristales se agrupan juntos, unidos a una única base. Una vez extraídos de su entorno natural, estos cristales pueden romperse en racimos más pequeños o en cristales individuales.

Cristales fantasma

Los cristales fantasma pueden mostrar impresionantes «formas» de restos minerales dentro de un cristal de cuarzo, o una imagen fantasmal más pequeña del cristal en su centro. Puede aparecer también una gran variedad de colores, según el mineral que esté presente.

Masas

Algunos cristales no forman cristales individuales con puntas o terminación, sino que se construyen en vetas y se encuentran en trozos y masas. Otras piedras que se llaman cristales pueden no serlo, en el sentido geológico estricto de la palabra. El ámbar, por ejemplo, es la savia fosilizada de los árboles.

Elige tus cristales

Recibir un cristal como regalo es siempre una valiosa experiencia. A medida que comiences a utilizar cristales, puede que descubras que empiezas a «encontrarlos», o más bien que ellos te «encuentran» a ti. No es raro que estos cristales sean justo lo que necesitas en ese momento. Tampoco es infrecuente perder los cristales, y muchos sanadores con cristales ven esto como una indicación de que el cristal ha cumplido su función en esa situación y ya no es necesario. También habrá ocasiones en las que quieras comprar un cristal. Dada la gran abundancia de cristales curativos disponibles actualmente, puede ser útil tener un sistema para elegir los tuyos. Es posible comprarlos por correo o a través de Internet; sin embargo, realmente no hay nada mejor que poder ver, tocar y sentir un cristal antes de decidirse a comprarlo.

Cuando estás empezando, el mejor lugar para comprar cristales es una tienda o un puesto de mercado donde el dependiente tenga conocimientos sobre ellos. Un buen vendedor podrá indicarte las características y rasgos generales de un cristal, y te animará a confiar en tu intuición al comprar uno.

Elegir a «primera vista»

A menudo, cuando ves por primera vez una gama de cristales, uno te llamará la atención una y otra vez. Es probable que se trate de un cristal que puede ser beneficioso para ti. Llegados a este punto, puedes confiar en tu intuición y comprarlo o puedes utilizar otros métodos como los que se indican a continuación. Si no sabes qué elegir, o no tienes claro cuál fue el primero que viste, prueba a quedarte inmóvil unos instantes con los ojos cerrados y recuerda el motivo que te llevó a querer comprar un cristal. Cuando los abras, puede que veas que hay un cristal en particular que brilla más que los demás: ese es el que debes elegir.

Usar un péndulo

El péndulo es una forma sencilla de buscar respuestas en tu mente subconsciente si estás eligiendo una piedra o un cristal con fines curativos.

Elegir para ti

Sujeta un péndulo sobre la parte superior del cristal y pregunta: «¿Me será útil este cristal en este momento?». También puedes utilizar el péndulo cuando consideres un gran número de cristales. Pasa lentamente el péndulo por encima de todos ellos y fíjate en los movimientos circulares que pueda hacer. Si ves que el péndulo reacciona sobre un cristal concreto, entonces es una buena idea sostenerlo directamente sobre ese cristal y hacer una pregunta.

Elegir para otra persona

De nuevo, sujeta el péndulo por encima del cristal que estés considerando. Forma en tu mente una imagen de la persona para la que crees que el cristal podría ser útil, y pregúntate: «¿Le será útil este cristal a (nombre de la persona) en este momento?».

Cristales sensores

Todos los cristales vibran a su propia frecuencia, y algunas personas son lo bastante sensibles como para sentir estas vibraciones. Sostener o colocar la mano sobre un gran trozo de cristal de cuarzo transparente es una forma de desarrollar tu sensibilidad a estas vibraciones. A veces, un cuarzo puede emitir un pulso regular de energía; otros los podrás sentir fríos en la mano o muy calientes; incluso algunos pueden producir una sensación de hormigueo en la piel. Por lo general, un cristal que te resulte beneficioso te parecerá adecuado, aunque no puedas describir las sensaciones que te produce.

Cómo cuidar tus cristales

Los cristales pueden beneficiarse de la energía de la luz solar durante un breve periodo de tiempo si los recargamos. Una exposición excesiva y directa a la luz solar puede decolorar muchos cristales. Sin embargo, podemos aprovechar su belleza y exponerlos en un lugar bien iluminado de tu casa u oficina que no esté expuesto a la luz solar directa constante.

Limpiar los cristales de energías indeseables cuando los adquieres por primera vez y después con regularidad los mantendrá energizados y conservarán su brillo. Los cristales deben tratarse siempre con cuidado, ya que, aunque son duros al tacto, a menudo pueden ser frágiles y propensos a astillarse o romperse.

Manipular cristales

Ten cuidado al manipular cristales y «puntas» sin cortar. Cuando muevas cristales sin cortar, envuélvelos individualmente o colócalos en una bolsa de fibra natural para evitar que se astillen o sufran otros daños.

Clústeres o racimos de cristales

Dependiendo de la humedad de tu entorno y de la edad del racimo, no es raro que algunos cristales se suelten o que un racimo se rompa en pedazos. Esto puede ocurrir por mucho cuidado que se ponga, ya que puede tratarse simplemente de una fisura existente que se haya abierto. Sin embargo, conviene colocar los racimos donde sea improbable que se golpeen y manipularlos con mucha delicadeza. Hay que tener mucho cuidado al transportarlos.

Cristales pulidos

Los cristales pulidos se fabrican haciendo girar rocas en bruto en una máquina pulidora de rocas hasta que la superficie y los bordes quedan lisos y pulidos. Sus bordes redondeados las hacen bastante resistentes, sobre todo a la manipulación brusca. Del mismo modo que los grupos de cristales pueden, con el tiempo, romperse, las partes pulidas de algunos cristales (como el ágata) también pueden separarse en las capas que se desarrollaron mientras se formaban.

Limpieza de cristales

Hay muchos rituales que se pueden seguir para limpiar los cristales. Algunos transforman las energías; otros las absorben o transmiten. Al limpiarlos, la intención es despejar patrones de energía que pueden ser indeseables o inapropiados para ti, al tiempo que sintonizas la energía del cristal con la tuya. A continuación te indicamos algunas pautas de limpieza. Como la intencionalidad es el aspecto más importante, elige el método con el que te sientas más a gusto: todos son eficaces.

No es necesario utilizar detergente o jabón a menos que estén visiblemente sucios o recién extraídos, pues lo que se requiere es una limpieza energética más que física, y los detergentes fuertes pueden afectar al brillo de algunos de los cristales más blandos. Nunca utilices agua caliente para limpiar un cristal, ya que el calor puede hacer que el cristal se parta o se fracture.

Baño de luna

Pon los cristales en un cuenco de cristal o cerámica lleno de agua fría y colócalo en el exterior, en una posición en la que pueda ser bañado por la luz de la luna durante la noche. El periodo de luna llena es un momento excelente para limpiar los cristales y algunas personas deciden convertirlo en un ritual mensual. Este método no es recomendable si tu cristal ha sido engastado como pieza de joyería, ya que el remojo puede aflojar el adhesivo utilizado. Tampoco se recomienda para la turquesa, que puede perder parte de su color con este proceso.

Baño de sol

Enjuaga los cristales con agua corriente y luego colócalos en una posición en la que puedan captar los rayos del sol cuando este alcance su máxima intensidad hacia el mediodía. Déjalos durante una hora más o menos.

Agua de mar

Deja los cristales en agua de mar dulce o en una solución de agua y sal marina durante unas horas.

Meditación

Practica una meditación sencilla para visualizar que toda la energía negativa fluye desde el cristal con cada exhalación que hagas. Al cabo de unos minutos, imagina el cristal lleno de luz brillante, limpia y clara.

Racimos de cristales y geodas

Se puede utilizar un racimo de cristales o una geoda de cristal para limpiar o cargar un cristal más pequeño. Introduce el cristal en el racimo o la geoda y déjalo ahí durante un día más o menos. En esta posición, el cristal estará dentro del campo piezoeléctrico generado por los numerosos cristales que componen el racimo.

Volver a la tierra

También puedes limpiar tus cristales depositándolos en contacto con la tierra; para ello, entiérralos en una maceta o en una zona fértil del jardín. Si tu cristal tiene una sola punta, colócalo con la punta hacia arriba. Déjalo dos o tres días y luego retíralo.

Salvia

La salvia se ha utilizado tradicionalmente como hierba purificadora. En un plato pequeño, quema un poco de salvia o enciende una «vara de incienso» de esta hierba y mueve lentamente el cristal a través del humo para que todas las caras queden expuestas al humo.

El significado del color en los cristales

Rojo y naranja

Los cristales rojos y naranjas son cálidos y estimulantes. El color del fuego se utiliza allí donde el cuerpo está aletargado o sienta la necesidad de calor. Los cristales rojos mejoran la circulación y estimulan el sistema digestivo.

Se dice que favorecen la fertilidad y nos conectan con nuestra energía sexual. También que encienden nuestras emociones, y si hay ira o miedo, deben equilibrarse con un cristal verde calmante. Estos cristales se utilizan a menudo para despertar un chakra raíz agotado. Algunos ejemplos son el rubí, el granate, la cornalina, el citrino, la calcita naranja o el jaspe rojo.

Blanco

El blanco es el color de la fuerza espiritual, la pureza y la inspiración. Es el color de la paz interior y de la conexión que tenemos con el universo. Los cristales blancos se relacionan con el chakra corona y se utilizan para el intelecto y el espíritu. Son cristales blancos la piedra de luna, la howlita y la magnesita.

Rosa

El rosa es el color del amor en todas sus formas. Es estimulante, reconfortante, reparador y calmante. El rosa inspira creatividad y autoaceptación; fomenta la autoestima y suaviza el proceso de duelo. Los cristales rosas se equilibran con los de color verde pálido. Algunos ejemplos son el cuarzo rosa, la calcita mangano rosa, la morganita, la turmalina sandía y la rodocrosita.

Violeta

El violeta es el color de la espiritualidad y la conciencia; es a la vez energizante y calmante. Los cristales violetas son útiles para quienes sufren ansiedad, agotamiento nervioso y los efectos del estrés. El chakra del tercer ojo se relaciona con estos cristales regios y se dice que el color despierta el tercer ojo, proporcionándonos «visión adivinatoria». La intensidad de estos cristales se suaviza con otros de color amarillo. Algunos ejemplos son la amatista, la fluorita violeta y la lepidolita.

Negro

Los cristales negros nos conectan poderosamente con la tierra, nos estabilizan y nos ayudan a mantener nuestro centro; además, equilibran las emociones. Suelen utilizarse en el chakra base y principalmente para el cuerpo físico, pero también pueden estimular el despertar de la mente subconsciente.

Al desviar la negatividad y disipar el miedo y la confusión, los cristales negros se consideran cristales de protección. Algunos ejemplos son la obsidiana negra, el ónice negro, el azabache y la hematites.

Amarillo

Los cristales amarillos reflejan la energía del sol y disipan la ansiedad y la depresión leve del mismo modo que un día soleado. Son cálidos y estimulantes, pero no tan «calientes» como los rojos. Estos cristales se utilizan para equilibrar el chakra del plexo solar; nos inspiran para salir de etapas de inactividad y aburrimiento y llenarnos de energía práctica. Deben equilibrarse con cristales violetas o azul oscuro si sufres agotamiento nervioso o ansiedades vagas. Algunos ejemplos son el ojo de tigre, el citrino, la calcita, el jaspe amarillo y el topacio.

Verde y azul

El verde es el color de la nueva vida, la regeneración y la curación. Es un color fresco y relajante que favorece la armonía. Alivia la tensión nerviosa y ayuda allí donde sea necesaria la curación física de los tejidos.

El azul es el color del cielo; también es refrescante y ayuda a reducir las altas temperaturas. Puede tener un efecto calmante y equilibrante sobre la mente y las emociones. Muchos cristales contienen tanto azul como verde y sus propiedades son una mezcla de ambos colores. Los cristales verdes pueden equilibrarse con los rojos y los azules, con naranjas. Entre los cristales verdes y azules están la aguamarina, la aventurina, la turquesa, la crisoprasa, el peridoto, el lapislázuli, la malaquita, la fluorita verde y el jade.

Los cristales y los chakras

El sistema de chakras

Los chakras representan centros de energía y nos proporcionan un sistema mediante el cual podemos comprender el flujo constante de energía a través y alrededor de nuestro cuerpo. La palabra chakra significa «rueda» en sánscrito. Durante siglos, se han estudiado y se ha escrito sobre los chakras en Oriente, y más recientemente en el mundo occidental. Como suele ocurrir con los conocimientos muy antiguos, se da información contradictoria sobre ellos, pero la mayoría de los sistemas reconocen a los siete que se exponen a continuación como los principales.

Chakra raíz

El primer chakra (también llamado chakra raíz o chakra sexual) está situado en la base de la columna vertebral. En los antiguos textos hindúes se representa como un loto con cuatro pétalos. El color correspondiente a este chakra es el rojo.

Este centro de energía está relacionado con nuestro instinto de supervivencia. Es la fuente del valor para resistir y luchar o de la resistencia y la energía para emprender el vuelo cuando nuestra supervivencia se ve amenazada. Este chakra también representa nuestra conexión con la tierra. Entre los cristales para el chakra raíz están la obsidiana, el cuarzo ahumado, la hematites, la cornalina, el jaspe rojo, el granate y el cuarzo transparente.

Chakra sacro

El segundo chakra, o plexo sacro, está situado a medio camino entre la base de la columna vertebral y el ombligo. En los antiguos textos hindúes se representa como un loto de seis pétalos. El color correspondiente a este chakra es el naranja.

Este chakra es la fuente de nuestra energía creativa y está asociado a nuestras emociones, nuestra intuición y nuestra sexualidad. Es la fuente de nuestros deseos y pasiones y de nuestra conexión con el elemento agua. Entre los cristales para el chakra sacro están la cornalina, el citrino, el ojo de tigre y el cuarzo transparente.

Chakra del plexo solar

El tercer chakra está situado justo encima del ombligo. En los antiguos textos hindúes se representa como un loto con diez pétalos. El color correspondiente a este chakra es el amarillo.

Este chakra se relaciona con la manera que tenemos de interactuar con el mundo que nos rodea. Es la fuente de nuestro poder, de nuestra energía para actuar. A través del plexo solar somos capaces de transformar nuestros deseos y emociones en acción. El plexo solar es el punto de intersección entre lo físico y lo mental.

Entre los cristales para el chakra del plexo solar están el ojo de tigre, la malaquita, la hematites, el jaspe, el citrino y el cuarzo transparente.

Chakra del corazón

El cuarto chakra está situado en el centro del cuerpo, a la altura del corazón. En los antiguos textos hindúes se representa como un loto con doce pétalos. El color correspondiente a este chakra es el verde.

Como su nombre indica, este chakra es la fuente de nuestro amor, no solo del romántico o sexual, sino del amor incondicional a quienes nos rodean, junto con un sentido de comunidad más allá de nuestras propias necesidades. Es la fuente de nuestra compasión y comprensión. El chakra del corazón tiene que ver con la manera en la que nos relacionamos con los demás, con nuestro lugar en el mundo y con la forma en que las cosas se relacionan entre sí y con nosotros.

Entre los cristales para el chakra del corazón están el cuarzo rosa, la aventurina, el jade, la crisoprasa, la turmalina sandía, la rodocrosita y el cuarzo transparente.

Chakra de la garganta

El quinto chakra está situado en la garganta. En los antiguos textos hindúes se representa como un loto de dieciséis pétalos. El color correspondiente a este chakra es el azul pálido. Es el chakra de la comunicación. Tiene que ver con el modo en el que nos expresamos en el mundo, tanto verbal como no verbalmente, y en cómo recibimos la información. El chakra de la garganta está relacionado con las comunicaciones silenciosas que tienen lugar dentro de nuestro cuerpo, el sistema nervioso y el sistema endocrino.

Entre los cristales para el chakra de la garganta están la turquesa, la aguamarina, el lapislázuli, la azurita, el jaspe y el cuarzo transparente.

Chakra del tercer ojo

El sexto chakra, o chakra del entrecejo, está situado en el centro de la frente. En los antiguos textos hindúes se representa como un loto con dos pétalos. El color correspondiente a este chakra es el índigo.

A través de nuestro tercer ojo obtenemos percepción y un nivel más profundo de comprensión. La información adquirida no se recibe visualmente; se percibe. Desarrollar la energía de este chakra implica un mayor nivel de conciencia, lo que nos permite acceder a nuestra sabiduría interior.

Entre los cristales para el chakra del tercer ojo están el lapislázuli, la piedra de luna, la fluorita y el cuarzo transparente.

Chakra corona

El séptimo chakra está situado en la parte superior de la cabeza. En los antiguos textos hindúes se representa como un loto de mil pétalos. El color correspondiente a este chakra es el violeta.

El chakra corona es la fuente de nuestros pensamientos, de nuestra mente consciente e inconsciente, y de nuestras creencias y sueños. Conecta con nuestra sensación interna de «saber» y es el punto de intersección entre nuestra mente y nuestro cuerpo.

Entre los cristales para el chakra corona están la amatista, la piedra de luna, la fluorita y el cuarzo claro.

Utilizar cristales para equilibrar los chakras

Antes de empezar una sesión de sanación con cristales, asegúrate de que todos los que vayas a utilizar estén limpios (consulta «Cómo cuidar tus cristales», páginas 12-14). Tómate tu tiempo para centrarte y enfocarte en tu tarea.

Haz que la persona con la que trabajas se tumbe boca arriba. A continuación, coloca lentamente los cristales como se describe a continuación. La persona respira profunda y lentamente durante unos 15 minutos. Retira despacio los cristales, empezando por la coronilla y trabajando hacia abajo. La persona debe tomarse su tiempo para levantarse y beber agua fresca, pero no helada. También puedes utilizar este método para limpiar tus propios chakras.

 Chakra corona: coloca un solo cristal de cuarzo transparente con punta o uno de cuarzo tallado cerca de la coronilla. Si usas un cristal con punta, inclínala hacia la cabeza para dirigir la energía hacia el chakra corona.

 Chakra del tercer ojo: coloca una sola punta de amatista, un trozo de amatista tallada o fluorita morada sobre el chakra del tercer ojo.

 Chakra de la garganta: coloca un trozo de aguamarina o jade en la garganta, sobre la laringe.

 Chakra del corazón: coloca un trocito de cristal de cuarzo rosa en bruto o tallado sobre el chakra del corazón.

 Plexo solar: coloca una sola punta, un pequeño racimo o un trozo de citrino sobre el plexo solar. Si utilizas un cristal con punta, orienta esta hacia la cabeza o hacia arriba, lejos del cuerpo.

 Chakra sacro: coloca un trozo de cornalina o jaspe rojo a medio camino entre el plexo solar y la base de la columna vertebral.

 Chakra raíz: coloca un cristal de una sola punta o tallado de cuarzo ahumado sobre la base de la columna vertebral. Si utilizas un cristal con punta, colócala orientada hacia la cabeza.

Meditación con cristales

Las cualidades de los cristales pueden intensificar una meditación, pues potencian la conexión que establecemos con el lugar de nuestro interior que es tranquilo y pacífico. Si acabas de empezar a meditar, puede ser útil seleccionar un cristal que fomente una mente tranquila, como la amatista, la azurita o la fluorita púrpura. Si meditas con regularidad, sé consciente del propósito de tu meditación y elige un cristal con cualidades que apoyen ese propósito.

Busca un espacio para meditar en el que estés cómodo y no te molesten. Lleva ropa holgada, pero abrigada. Imagina un cuadrado a tu alrededor. En cada esquina, coloca un solo cristal de cuarzo con punta con el extremo terminado apuntando hacia ti. Coge el cristal que hayas elegido y acúnalo entre tus manos abiertas. Los cristales de cuarzo concentrarán la energía hacia ti y aumentarán las propiedades del cristal que sostienes.

Siéntate o túmbate en una postura cómoda y centra lentamente tu atención en la respiración. Al inspirar, imagina que tu cuerpo se llena de aire claro y limpio, y al espirar, imagina que toda la tensión, el estrés y la negatividad abandonan tu cuerpo. Cuando empieces a sentirte más relajado, dirige tu atención al cristal. Toma conciencia de cómo se siente en tus manos. ¿Es fresco o cálido, pesado o ligero, energizante o enervante? Imagina que el color se eleva lentamente en forma de niebla desde el cristal y te rodea. Cómo te sientes. ¿Te sientes cómodo o estresado, seguro o ansioso, estimulado o agotado? Si conoces el chakra con el que se relaciona el cristal (consulta «Los cristales y los chakras», páginas 17-21), puedes sostener el cristal delante de este chakra y ser consciente de cualquier sensación.

Deja que las imágenes que surjan se desarrollen gradualmente en tu mente. Recuerda que cada persona recibe la información a su manera. Haz todas las preguntas que te vengan a la mente y estate abierto a que aparezca una respuesta de algún modo. Ninguna información que obtengas del cristal de este modo es «correcta» o «incorrecta». Cuando sientas que es el momento adecuado, coloca suavemente el cristal en el suelo, delante de ti. Vuelve a centrarte en tu respiración y lleva lentamente tu atención al mundo exterior, tomándote el tiempo que necesites. Puedes registrar tu experiencia escribiendo un diario.

El poder de los cristales

El poder de los cristales puede utilizarse para alterar tu estado de ánimo y desarrollar tu yo espiritual y psíquico. Los cristales pueden darte la energía y el valor necesarios para las tareas difíciles. Su influencia también puede ayudar a tu cuerpo a recuperarse de la enfermedad y a concentrar tu energía en la curación de los demás.

A la hora de decidir qué cristales emplear para la curación y dónde deben colocarse en el cuerpo, los capítulos «Guía de cristales» y «Los cristales y los chakras» te proporcionarán cierta orientación, pero confía también en tu intuición. Si instintivamente sientes que te gustaría usar un cristal concreto o te sientes atraído por él cuando piensas en una parte concreta del cuerpo, utiliza ese cristal y juzga los resultados. Si no tienes una pieza de un cristal especificado en la sección de chakras, busca otros de un color similar.

Cuando visites una tienda especializada en piedras y minerales, procura hacerlo sin prisas. Tienes total libertad para elegir tus cristales o dejar que ellos te elijan a ti. Las maravillas de luz, color, forma y textura que encuentres allí serán el comienzo de una experiencia mágica que continuará el resto de tu vida.

Ahora que has aprendido lo básico sobre la selección, el cuidado y el uso de los cristales, ha llegado el momento de profundizar en cada uno de ellos, en las piedras y en las gemas preciosas.

Guía de cristales

Alejandrita

Desarrollo emocional: Fomenta la confianza en uno mismo, sentimientos de esperanza, valor, autoestima y fuerza de voluntad.

Crecimiento de mente/espíritu: Intensifica los sueños y ayuda en su interpretación; favorece la armonía y el amor.

Chakras: Estimula los chakras raíz, del corazón y del tercer ojo.

Afín con: Géminis, Escorpio

Variedad del crisoberilo, la alejandrita es una de las gemas más raras y caras del mundo. Se cree que representa el amor y la buena suerte. Llamada así en honor de Alejandro II, zar de Rusia, esta seductora gema muestra un espectacular cambio de color, pasando del verde brillante a la luz del día al rojo cereza bajo la luz artificial. En los Montes Urales de Rusia apareció el yacimiento más antiguo de alejandrita, descubierta por primera vez en 1830. Hoy en día, se siguen extrayendo pequeñas cantidades de esta preciada gema en Brasil, India, Madagascar y Sri Lanka.

Amazonita

💙 **Desarrollo emocional:**		Alivia la ansiedad y disipa los pensamientos y la energía negativos.
✳ **Crecimiento de mente/ espíritu:**		Favorece el equilibrio y la claridad y potencia la intuición.
🍃 **Chakras:**		Estimula los chakras del corazón y de la garganta.
⚙ **Afín con:**		Virgo

La amazonita, de la familia de las microclinas, también es conocida como «piedra amazónica». Esta gema semipreciosa, que recibe su nombre del río Amazonas, es apreciada por su tonalidad aguamarina. Se cree que favorece la verdad, la sinceridad, el honor y la claridad. Extraída en los Montes Urales de Rusia, Colorado (EE. UU.) y Minas Gerais (Brasil), parece que este cristal calmante equilibra las energías masculina y femenina para lograr la paz y establecer límites sanos. Para los creyentes en sus cualidades globales, ¡es una herramienta útil para manifestar el amor universal!

Ámbar

Desarrollo emocional:	Alivia la depresión; reduce el estrés y la tensión; fomenta la felicidad y una actitud positiva.
Crecimiento de mente/espíritu:	Promueve el altruismo, el equilibrio del aura, el enraizamiento, la curación y la vitalidad.
Chakras:	Ayuda al chakra del plexo solar.
Afín con:	Leo, Acuario

El ámbar es una gema orgánica apreciada y comercializada por los humanos desde hace milenios. Su característico color naranja dorado es un símbolo de antigüedad. Esta savia (resina) fosilizada de las coníferas aparece a menudo con pequeños insectos o arañas perfectamente conservados, atrapados en el tiempo hace entre 40 y 50 millones de años. No es, pues, de extrañar que se piense que el ámbar simboliza la división entre el alma de un individuo y la del universo. El mayor yacimiento del mundo se encuentra en el Báltico.

Amatista

Desarrollo emocional:	Disipa los miedos; calma la rabia; alivia el proceso de duelo; proporciona claridad y equilibrio.
Crecimiento mente/espíritu:	Ayuda a la meditación induciendo un estado de tranquilidad y calma; purifica y protege la mente de la energía negativa.
Chakras:	Abre y equilibra los chakras del tercer ojo y el chakra corona.
Afín con:	Sagitario, Capricornio, Piscis

Perteneciente a la familia de los cristales de cuarzo, la amatista forma cristales con punta en seis caras de un color que va del malva pálido al morado intenso. Este cristal tan centrado puede aportar claridad y perspicacia.

Ametrino

Desarrollo emocional:	Alivia el estrés y la ansiedad; ayuda con el miedo y las fobias, a tomar decisiones y a afrontar el duelo.
Crecimiento mente/ espíritu:	Favorece la claridad mental y ayuda en la meditación, la comunicación y la conexión con el yo superior.
Chakras:	Favorece los chakras del plexo solar, del tercer ojo y corona.
Afín con:	Libra

Pensado para encarnar las energías masculina y femenina, el ametrino es el nombre del cuarzo que muestra bandas tanto de amatista púrpura como de citrino amarillo. Al tallarla, este exquisito cristal puede revelar un color dorado rosado, malva, violeta, champán o melocotón, a veces en degradado. Muy apreciada por los pueblos indígenas de Bolivia, esta maravillosa gema procede principalmente de la mina Anahí de ese país. El ametrino también se comercializa con los nombres de «amatista-citrino», «citrino-amatista», «triestina», «bolivianita» y «amatista dorada».

Angelita

Desarrollo emocional:	Fomenta la compasión, la aceptación y la paz.
Crecimiento de mente/ espíritu:	Guía la percepción y promueve la visualización.
Chakras:	Ayuda a los chakras de la garganta y corona.
Afín con:	Acuario

Con un color que va del azul pálido al gris azulado, la angelita es una variedad de anhidrita que se encontró por primera vez en Perú en 1987. Para quienes consideran los cristales desde un punto de vista metafísico, este es un cristal de elección totalmente moderno para psíquicos y médiums. Se cree que imbuye cualidades clarividentes. La angelita se ha elevado muy rápidamente en el mundo de los cristales gracias a sus poderes percibidos y su supuesta conexión con los que han fallecido.

Obsidiana negra

❤	**Desarrollo emocional:**	Disipa la negatividad; alivia la angustia y los bloqueos emocionales.
✴	**Crecimiento de mente/ espíritu:**	Ayuda al portador a sobrellevar la pena y el dolor; promueve el pensamiento lógico, la claridad mental y la conexión a la tierra.
⚘	**Chakras:**	Fomenta el chakra raíz.
◉	**Afín con:**	Aries, Capricornio

Las piezas de obsidiana pulida se conocen como «lágrimas de apache», porque recuerdan a lágrimas de guerreros apaches caídos. Formado cuando la lava se solidifica muy rápidament antes de que puedan aparecer cristales minerales, este vidrio volcánico natural es generalm de color negro azabache. Hace mucho tiempo, el brillante lustre de la obsidiana negra hacía se utilizara a menudo como espejo. Considerado un cristal sagrado para algunos credos, se que proporciona una energía de base de curación, fuerza, libertad y protección.

Apatita

❤	**Desarrollo emocional:**	Fomenta la perspicacia y favorece la claridad mental.
✴	**Crecimiento de mente/espíritu:**	Mejora la comunicación y la autoexpresión y fomenta la facilidad y la apertura social.
⚘	**Chakras:**	Equilibra los chakras de la garganta y del tercer ojo.
◉	**Afín con:**	Géminis, Libra

Su nombre deriva de la palabra griega «apate», que significa «engaño». A menudo se confunde con la amatista, el aguamarina y el olivino. Con una paleta de ricos colores que van desde el incoloro hasta el verde, azul, violeta, morado, amarillo y rosa, la apatita suele ser un cristal blando y quebradizo. Se cree que esta gema camaleónica con muchas apariencias está en sintonía con el futuro, al tiempo que nos conecta con vidas pasadas.

Apofilita

♥	**Desarrollo emocional:**	Aumenta la claridad mental y otorga autoconciencia.
✺	**Crecimiento de mente/ espíritu:**	Fomenta la claridad y la comunicación; mejora la meditación.
✿	**Chakras:**	Ayuda a los chakras del tercer ojo y corona.
◎	**Afín con:**	Géminis, Libra

Normalmente incoloro, este mineral tan extendido también puede ser verde, rosa rojizo y amarillo. A menudo de aspecto vidrioso y prismático, la apofilita puede ser en bloque y cuadrada, con apariencia cúbica. Su nombre deriva de las palabras griegas «apo», que significa «conseguir», y «phyllazein», que significa «hoja». Este mineral se separa en capas escamosas cuando se calienta. Se cree que tiene una «alta vibración», ideal para elevar el espíritu.

Cuarzo aqua aura

Desarrollo emocional:		Libera el estrés y la negatividad; ayuda a curar los traumas emocionales.
Crecimiento de mente/ espíritu:		Fomenta la veracidad y la honestidad en la comunicación con los demás.
Chakras:		Favorece los chakras de la garganta, del tercer ojo y corona.
Afín con:		Leo, Acuario

Fabricado uniendo oro y cuarzo mediante un complicado proceso de infusión térmica, el cuarzo aqua aura contiene todas las cualidades del cuarzo normal, con la brillante adición del oro. Se cree que activa todos los chakras. Este cuarzo tiene un exquisito color azul que brilla como una laguna, ¡creando una sensación instantánea de pureza y relajación! Como su nombre indica, los practicantes del cristal suelen utilizarlo para limpiar y curar los campos áuricos y favorecer la comunicación adivinatoria y la clarividencia.

Aguamarina

Desarrollo emocional:	Induce a la claridad mental y a la comprensión de las emociones.
Crecimiento de mente/espíritu:	Estimula la comunicación; aumenta la claridad mental; calma los nervios y disipa los miedos.
Chakras:	Estimula los chakras de la garganta y del tercer ojo.
Afín con:	Aries, Géminis, Acuario

El nombre de este cristal procede del latín y significa «agua de mar»; los cristales varían de color, del azul claro al verde. La aguamarina es una variedad del berilo, al igual que la esmeralda, y suele encontrarse en grandes cristales individuales. Tradicionalmente, se cree que protegía a los marineros y a los combatientes.

Aragonito

Desarrollo emocional:	Elimina la niebla mental; fomenta el enfoque y la concentración; aumenta la paciencia.
Crecimiento de mente/espíritu:	Ayuda a establecer una conexión más profunda con el planeta; aumenta la sensibilidad y la generosidad.
Chakras:	Favorece los chakras raíz y sacro.
Afín con:	Capricornio

El aragonito, que se encuentra en cuevas y cerca de fuentes termales naturales, se forma a bajas temperaturas en una gran variedad de formas. Su aspecto puede variar desde una construcción puntiaguda a una coralina, conocida como «flos ferri» o «flores de hierro», cristales prismáticos y agregados radiados en bandas. Considerado un cristal poderoso y curativo, se cree que el aragonito tiende puentes sobre las fisuras en las relaciones y fomenta los nuevos comienzos. También se considera que estabiliza las emociones y anima a centrarse en lo verdaderamente importante.

Azurita

💙	**Desarrollo emocional:**	Ayuda a la conexión con el yo interior y al reconocimiento y liberación de pautas de comportamiento inútiles.
⚪	**Crecimiento de mente/ espíritu:**	Desarrolla la intuición y la perspicacia; disipa la procrastinación; es un cristal «guardián» ideal para la protección.
🍃	**Chakras:**	Estimula el chakra del tercer ojo.
⚙	**Afín con:**	Capricornio

La azurita forma prismas de cristales transparentes. Es carbonato de cobre y en su estado natural tiene una concentración muy baja de agua, pero si la absorbe pasa de ser azul translúcido a un cristal verde opaco llamado malaquita, que se encuentra a menudo en las estalagmitas y estalactitas. Las combinaciones de azurita y malaquita son frecuentes y pueden presentarse en piezas extremadamente grandes. Se cree que los mayas utilizaban la azurita para transportar y transferir conocimientos y sabiduría. Sus propiedades se acentúan cuando se combina con malaquita, sobre todo como cristal protector.

Ágata bandeada

	Desarrollo emocional:	Calma los sentimientos de ira y alivia la angustia interior y los conflictos internos.
	Crecimiento de mente/ espíritu:	Favorece la honestidad y mejora la memoria y la concentración.
	Chakras:	Estimula el chakra del tercer ojo.
	Afín con:	Libra, Capricornio

El ágata bandeada, como su nombre indica, presenta bandas concéntricas de color blanco, amarillo, azul pálido, rosa, rojo, negro o gris. Con las mismas propiedades físicas que el cuarzo calcedonia, solo el ágata bandeada ha sido valorada y trabajada por los humanos durante milenios. Suele aparecer en cavidades rocosas y lavas antiguas. Este cristal calmante se considera un gran armonizador de nuestras cualidades yin/yang, y favorece la claridad, la concentración, la energía y la confianza.

Ónice negro

Desarrollo emocional: Aumenta la autodisciplina; infunde una actitud positiva; ayuda a superar la depresión leve; alivia el estrés.

Crecimiento de mente/espíritu: Favorece la meditación, la concentración y la obtención de percepciones personales.

Chakras: Equilibra el chakra corona.

Afín con: Leo

El ónice no solo se encuentra como piedra negra, sino también blanca, así como en combinaciones estratificadas de negro, blanco, rojo y marrón dorado. En la Edad Media, se creía que el ónice de todos los colores traía la desgracia y solo podía llevarse con seguridad si iba acompañado de un trozo de cornalina. Tradicionalmente se decía que el cristal provocaba sueños perturbadores, aunque se pensaba que curaba la epilepsia. Utilizado a menudo en las cuentas de los rosarios, se considera un cristal de devoción.

Turmalina negra, chorlo

Desarrollo emocional: Alivia la ansiedad, el estrés y la tensión; disipa la negatividad y aumenta la autoconfianza.

Crecimiento de mente/espíritu: Fomenta la humildad, la perspicacia, el equilibrio y la armonía.

Chakras: Equilibra y armoniza el chakra raíz.

Afín con: Capricornio

El chorlo es el tipo más común de turmalina, con un exterior negro brillante. Aunque puede variar, el esquisto tiende a una opacidad profunda más que a un aspecto cristalino. Venerado por sus cualidades protectoras, se cree que desvía la energía no deseada de los demás, lo que lo convierte en un cristal ideal para tener tanto dentro como fuera de casa, cerca de las puertas o los caminos del jardín. Este «rebotador de energía» se recomienda como limpiador energético integral para absorber todas las vibraciones oscuras y negativas.

Piedra de sangre

Desarrollo emocional: Libera la ira y fomenta la dulzura y la compasión.

Crecimiento de mente/ espíritu: Fomenta la valentía y el desinterés, potencia la intuición y la creatividad.

Chakras: Apoya los chakras raíz, sacro, plexo solar y corazón.

Afín con: Aries, Libra, Piscis

Esta variedad verde oscuro de cuarzo calcedonia está impregnada de manchas de jaspe rojo. El otro nombre que recibe, «heliotropo», que deriva de «helio» y «trepein» en griego, se traduce como «girar al sol». Hace más de mil años, los antiguos griegos consideraban la piedra de sangre como preservadora de la salud y remedio de hemorragias y enfermedades. Apreciado desde hace miles de años, en Brasil siguen descubriéndose grandes yacimientos de este cuarzo.

Ágata azul

💙 **Desarrollo emocional:** Proporciona equilibrio entre lo físico, lo emocional, lo mental y lo espiritual; disipa la ira y la negatividad.

🌼 **Crecimiento de mente/ espíritu:** Permite el acceso a aspectos positivos de nosotros mismos; proporciona inspiración para seguir nuestros sueños.

🍃 **Chakras:** Equilibra los chakras de la garganta y del corazón.

⊙ **Afín con:** Géminis, Piscis

El ágata azul con motivos de encaje blanco es un tipo de calcedonia. Se encuentra en nódulos o geodas, aunque a menudo está disponible en «rodajas» o cortada y pulida en obeliscos o pirámides. En la Francia del siglo XII, se colocaba ágata en los recipientes para beber y cocinar de quienes padecían mala salud, y en la Inglaterra del siglo XIII se consideraba útil para fortalecer la vista y asegurar la fidelidad. El ágata actúa reforzando las propiedades de otros cristales.

Aventurina azul

♥	**Desarrollo emocional:**	Fomenta la paz interior; combate las tendencias pasivo-agresivas.
✿	**Crecimiento de mente/espíritu:**	Favorece la madurez; ayuda a superar los sentimientos de egoísmo; desarrolla la intuición y la empatía.
❀	**Chakras:**	Abre el chakra de la garganta.
◎	**Afín con:**	Aries

La aventurina azul (también conocida como «cuarzo aventurino» o «jade indio») tiene un aspecto espumoso y centelleante a través de un azul claro deslavado. Este cuarzo obtiene su color de la dumortierita, y suele tallarse en cabujones para revelar su brillo. Se encuentra en los Montes Urales (Rusia); Tamil Nadu (India); Vermont (EE. UU.) y Minas Gerais (Brasil). Los sanadores creen que combina los elementos viento y agua para obtener una energía estoica, firme y comprometida con los ideales, pero siempre con suavidad.

Calcita azul

♥	**Desarrollo emocional:**	Reduce el estrés y la tensión; favorece la sensación de calma.
✿	**Crecimiento de mente/espíritu:**	Facilita la memoria y el aprendizaje; desarrolla la claridad mental y la comunicación clara y tranquila.
❀	**Chakras:**	Ayuda a los chakras de la garganta y el tercer ojo.
◎	**Afín con:**	Cáncer

También llamada «carbonato cálcico», crece en cualquier lugar donde haya agua. Puede ser de casi cualquier color, pero siempre con un brillo vítreo. Esta calcita beneficia a los ojos y la garganta, y favorece una comunicación clara. Los adivinos suelen utilizarla como herramienta de apoyo para la clarividencia y la telepatía. Se la considera calmante, y se cree que ayuda a las personas con ansiedad a concentrarse y calmar la mente.

Cianita azul

 **Desarrollo emocional:**		Calma la mente y la despeja del desorden; aumenta la capacidad de hablar con claridad.
Crecimiento de mente/ espíritu:		Potencia las capacidades adivinatorias y la intuición; ayuda en la meditación.
Chakras:		Fomenta el chakra de la garganta; alinea todos los chakras.
Afín con:		Aries, Tauro, Libra

Utilizada en la fabricación de bujías, ¡no es de extrañar que se piense que la cianita azul aumenta la capacidad adivinatoria y la intuición! Se extrae en Brasil (Bahía), Suiza y EE. UU. A menudo se presenta en forma de cristales largos y perfilados, de color entre transparente y translúcido. Su nombre proviene de la palabra griega «kyanos», que significa «azul oscuro». La cianita también puede manifestarse como cristales azul-grisáceos, verdes e incoloros.

Bornita

♡	**Desarrollo emocional:**	Levanta el ánimo en momentos de tristeza y aflicción; favorece los sentimientos de alegría.
✳	**Crecimiento de mente/ espíritu:**	Inspira creatividad, una perspectiva fresca y un nuevo punto de vista.
✿	**Chakras:**	Equilibra y limpia todos los chakras.
◉	**Afín con:**	Cáncer

Con el fantástico nombre de «mineral pavo real», la bornita, que tiene los colores del arcoíris, es uno de los minerales con un colorido de la naturaleza más espectacular. Revelando brillos iridiscentes de púrpura, azul, rojo y oro, la bornita es una fuente de cobre conocida como sulfuro de hierro y cobre. Se encuentra en Tasmania (Australia), Chile, Perú, Kazajstán, Canadá, Reino Unido y EE. UU. Aunque admirada por su aspecto ornamental, algunos consideran que favorece y restablece la buena suerte.

Cornalina

♡	**Desarrollo emocional:**	Disipa el miedo; infunde valor; eleva las emociones; ayuda a permanecer en el presente.
✻	**Crecimiento de mente/espíritu:**	Mantiene la concentración y la claridad mental; disipa la negatividad; aumenta la fuerza interior y la capacidad de compasión.
✿	**Chakras:**	Estimula los chakras raíz y del plexo solar.
◎	**Afín con:**	Tauro, Cáncer, Leo

La cornalina es un tipo de calcedonia cuyo color varía del albaricoque pálido al naranja intenso, naranja/marrón y naranja/rojo. Hasta finales de la Edad Media, la cornalina se molía en polvo y se mezclaba con agua para ingerirla como protección contra la peste; también se consideraba útil como tratamiento para los trastornos de la sangre.

Celestina

♡	**Desarrollo emocional:**	Alivia la depresión y reduce el estrés y la tensión; fomenta los sentimientos de honestidad y amabilidad.
✻	**Crecimiento de mente/espíritu:**	Favorece la precognición y potencia la visualización.
✿	**Chakras:**	Favorece los chakras de la garganta y corona.
◎	**Afín con:**	Géminis, Libra

Con su nombre inspirado en los cielos, la celestina suele ser de color azul claro, pero también se presenta en blanco, rojo claro, verde, azul medio a oscuro, marrón e incolora. Se puede encontrar en México, Italia, Canadá, Madagascar y EE. UU. Algunos consideran que la celestina tiene la capacidad de disolver el dolor, la tensión muscular y dar la bienvenida al amor y la benevolencia a tu vida.

Charoíta

Desarrollo emocional:		Promueve sentimientos de altruismo y amor incondicional.
Crecimiento de mente/ espíritu:		Fomenta la aceptación, la perspicacia y la capacidad de afrontar y superar los miedos.
Chakras:		Ayuda a los chakras del tercer ojo y corona.
Afín con:		Escorpio, Sagitario

Con sus regios tonos púrpura, malva, lavanda, violeta y lila, la charoíta es un mineral de silicato que solo se encuentra en el río Chara, en Rusia. También conocida como «piedra lila», la charoíta es barata, pero muy admirada por su belleza. Considerada un cristal de transformación, se cree que abre los corazones y acoge el amor incondicional en la vida de quienes lo necesitan. Esta piedra también se utiliza para favorecer el sueño, evitar las pesadillas y ayudar en el insomnio.

Crisocola

💙	**Desarrollo emocional:**	Alivia, calma y favorece sentimientos de serenidad; aporta comprensión a las relaciones en crisis; disipa la ira.
✳️	**Crecimiento de mente/ espíritu:**	Ayuda a la meditación; fomenta la creatividad, la autoconciencia y el equilibrio interior.
🌿	**Chakras:**	Favorece los chakras del corazón y de la garganta.
◎	**Afín con:**	Tauro, Géminis, Virgo

Con remolinos de tonos azules y verdes, la crisocola es en realidad un tipo de mineral de cobre. Cuando se pule como un cristal, su parecido con la Tierra enciende pensamientos de serenidad y paz globales, al tiempo que nos ayuda a acceder a la sabiduría interior y a las verdades personales. Se cree que fomenta la compasión y capacita a las personas para enseñar. Cuando la crisocola crece con turquesa y malaquita en Israel, se conoce como «piedra de Eilat».

Crisoprasa

🤍	**Desarrollo emocional:**	Eleva las emociones y alivia la depresión.
✳️	**Crecimiento de mente/espíritu:**	Fomenta nuestra aceptación y la de quienes nos rodean; aporta sensación de paz, armonía y equilibrio.
🍃	**Chakras:**	Estimula y abre el chakra del corazón.
⚙️	**Afín con:**	Libra, Piscis

La crisoprasa, que en griego significa «verde dorado», tiene un delicado color que va del verde limón pálido al verde manzana brillante. Tiene forma de calcedonia opaca, y su color se debe a la presencia de silicatos de níquel durante su formación. Por lo general, es demasiado frágil para tallarla, pero se ha utilizado ampliamente en mosaicos. El color puede palidecer si se expone durante mucho tiempo a la luz solar intensa, pero se dice que vuelve si el cristal se entierra durante un tiempo.

Cinabrio

🤍	**Desarrollo emocional:**	Disipa la energía negativa y elimina los bloqueos emocionales; fomenta el altruismo y los sentimientos de conexión.
✳️	**Crecimiento de mente/espíritu:**	Promueve la abundancia y la prosperidad; favorece el cambio y la asunción de riesgos; potencia la creatividad.
🍃	**Chakras:**	Ayuda al chakra raíz.
⚙️	**Afín con:**	Leo

También conocido como sulfuro de mercurio, es muy venenoso. Fue la fuente del pigmento bermellón y se utilizó en muchas culturas en medicina y alquimia hasta bien avanzada la Edad Media. Conocido como «sangre de dragón», debe usarse con precaución. Lávate siempre las manos después de manipularlo y nunca lo inhales, lamas o ingieras.

Citrino

Desarrollo emocional:	Alivia los comportamientos autodestructivos; fomenta la creatividad y la voluntad personal.	
Crecimiento de mente/ espíritu:	Crea espacio para el cambio y el crecimiento.	
Chakras:	Estimula los chakras plexo solar, raíz y sacro.	
Afín con:	Leo, Libra	

El citrino suele encontrarse en «puntas» o en racimos, y forma terminaciones de seis lados. También conocido como «cuarzo amarillo», el citrino auténtico suele ser más raro que el artificial, que se crea calentando la amatista o el cuarzo ahumado a altas temperaturas. Este cristal fabricado suele tener un tinte rojizo y puede estar veteado. El citrino natural es un cristal de cuarzo transparente, coloreado por el hierro, que ha estado expuesto a temperaturas extremadamente altas bajo la superficie terrestre. El citrino se copia con frecuencia, y a menudo se corta y pule para imitar al topacio, más raro y caro.

Cuarzo claro

Desarrollo emocional:		Equilibra y proporciona energía; estabiliza nuestras emociones y fomenta una visión positiva y resuelta de la vida.
Crecimiento de mente/ espíritu:		Aporta meditaciones más fuertes y claras y aumenta la claridad mental; proporciona un sentido de la perspectiva; excelente amplificador; ideal para el trabajo con varitas mágicas.
Chakras:		Estimula y equilibra todos los chakras.
Afín con:		Todos los signos astrológicos

El cuarzo está formado principalmente por ácido silícico, sustancia que también se encuentra en nuestra columna vertebral y en los ojos; quizá por eso el cuarzo parece resonar con el cuerpo humano. Lo utilizaban los indígenas del norte de Australia para invocar a la lluvia. Los cheroquis lo empleaban para la adivinación, y en las islas Shetland se recogían guijarros de cuarzo para aumentar la fertilidad. Hoy en día, el cuarzo claro se considera un poderoso cristal curativo que amplificará el efecto de cualquier otro cristal.

Piedra dálmata

♡	**Desarrollo emocional:**	Fomenta la estabilidad, la armonía y la sensación de calma; promueve la sensación de juego.
✳	**Crecimiento de mente/espíritu:**	Facilita la comunicación con los animales; mejora la autorreflexión y la toma de decisiones; beneficia a las personas excesivamente analíticas.
✿	**Chakras:**	Ayuda a los chakras raíz y del plexo solar.
◎	**Afín con:**	Géminis

El jaspe, conocido también como cuarzo criptocristalino, es un cristal omnipresente que ha sido admirado a través de los tiempos por su belleza y sus cualidades curativas. La piedra dálmata, una variedad del jaspe, suele ser de color gris pálido, crema o beis. Llamada así por su aspecto moteado, se cree que esta piedra es enraizante, al mismo tiempo que infunde un sentido de resolución, alegría y jovialidad.

Selenita rosa del desierto

♡	**Desarrollo emocional:**	Calma las emociones y ayuda al equilibrio; alivia el dolor emocional; disipa los miedos y las ansiedades infundadas.
✳	**Crecimiento de mente/espíritu:**	Puede proporcionar acceso a imágenes y pensamientos de vidas futuras y pasadas durante las meditaciones; amplía y aclara nuestra capacidad mental.
✿	**Chakras:**	Estimula el chakra corona.
◎	**Afín con:**	Tauro

La selenita es una forma cristalizada del yeso. La variedad conocida como «rosa del desierto» tiene cristales formados en un racimo que se parece mucho a una flor. La selenita es un cristal muy blando y debe manipularse con cuidado.

Diamante

 **Desarrollo emocional:**		Fomenta la fortaleza y el valor; alivia el miedo y el dolor emocional.
Crecimiento de mente/ espíritu:		Trae nuevos comienzos; confiere suerte y prosperidad; favorece la visión clara y la búsqueda.
Chakras:		Sostiene todos los chakras, especialmente el chakra de la coronilla.
Afín con:		Virgo, Libra

El diamante es el mineral más duro de la Tierra. Admirado desde hace mucho tiempo por su exquisito brillo cuando se talla, la mayoría de las reservas mundiales de diamantes se encuentran en Australia, Botsuana, Congo y Rusia. Está compuesto de carbono puro, que se considera el elemento fundacional de la vida. Actualmente, el diamante simboliza la fidelidad, el compromiso y el amor eterno, por eso se utiliza en los anillos de compromiso. Los diamantes pueden emplearse para manifestar abundancia o, a la inversa, como punto focal para los que al meditar se centran en renunciar a la riqueza material.

Dioptasa

💚	**Desarrollo emocional:**	Alivia el estrés y la tensión; favorece la relajación; alivia la pena y la angustia.
🌳	**Crecimiento de mente/ espíritu:**	Potencia la meditación; promueve la prosperidad en todos los niveles; ayuda al desarrollo de la iluminación espiritual.
🌸	**Chakras:**	Estimula el chakra del corazón.
⚛	**Afín con:**	Escorpio, Sagitario

Parecida a las esmeraldas y también a los peridotos, la dioptasa es un cristal de color verde intenso que se forma en zonas donde se ha oxidado el cobre. Los mejores ejemplares proceden de Kazajistán, aunque también se encuentra en Namibia, Irán, Congo, Argentina, Chile y EE. UU. La dioptasa ayuda a disolver la pena, la traición y el dolor. También se cree que cura cualquier asunto profundamente arraigado o no resuelto que se haya convertido en una pesada carga a lo largo del tiempo.

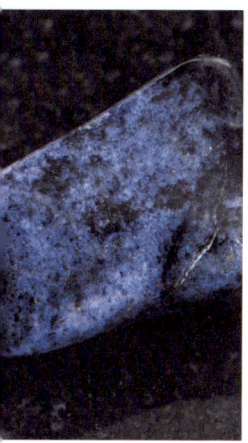

Dumortierita

Desarrollo emocional:	Fomenta la autoconfianza, el autoperdón, la relajación, la calma y la paciencia; reduce la excitabilidad, la terquedad y la falta de disciplina.
Crecimiento de mente/espíritu:	Ayuda a la comunicación, la conexión, la concentración y la organización.
Chakras:	Favorece los chakras de la garganta y del tercer ojo.
Afín con:	Leo

La dumortierita azul, que varía del rojo rosado al violeta y, a veces, al verde parduzco, es venerada por su belleza. Se cree que libera de preocupaciones e infunde confianza en uno mismo. Si se medita en ella, la dumortierita puede inducir sentimientos de propósito. La mayoría de las muestras de dumortierita contienen boro, que los profesionales creen que ayuda a limpiar los chakras y a tratar cualquier problema subyacente con la tiroides.

Esmeralda

Desarrollo emocional:	Inspira amor y lealtad; refuerza los vínculos y la buena comunicación y comprensión.
Crecimiento de mente/espíritu:	Mejora la memoria y la claridad mental; favorece las visiones y las experiencias adivinatorias; ayuda a sintonizar con la sabiduría interior.
Chakras:	Estimula el chakra del corazón.
Afín con:	Aries, Tauro, Géminis

La esmeralda ha sido venerada durante mucho tiempo en todas las culturas por su sobrecogedora belleza. Considerada el «cristal del amor fructífero», la esmeralda se utiliza a menudo como talismán para fomentar la amistad, la esperanza y la frescura y vitalidad del espíritu.

Ágata de fuego

❤	**Desarrollo emocional:**	Fomenta la valentía y aumenta la fuerza de voluntad; ayuda con la timidez; fomenta los sentimientos de seguridad y protección.
✴	**Crecimiento de mente/ espíritu:**	Reduce la energía negativa.
🪷	**Chakras:**	Apoya los chakras raíz y del plexo solar.
⊛	**Afín con:**	Aries

Considerada la encarnación de una «llama espiritual», el ágata de fuego es un tipo de calcedonia que se encuentra en antiguas lavas o rocas ígneas. Este vivo cristal incluye hematites de color entre rojizo y marrón que le proporciona el llamativo brillo que inspira su nombre. Se cree que este cristal aviva los fuegos internos de la creatividad, la sexualidad y la voluntad fuerte, con especial atención a los chakras inferiores. Puede utilizarse para suscitar emociones y promover el éxito comercial de iniciativas creativas, como la escritura.

Fluorita

♡	**Desarrollo emocional:**	Reconecta con las sensaciones de paz y serenidad interiores; permite una mayor sinergia entre la mente y las emociones; restaura el orden mental a partir del caos.
✺	**Crecimiento de mente/ espíritu:**	Utilizada en la meditación, aumenta la claridad mental y la concentración; rejuvenece la mente después de gastar energía mental; ayuda a mantener la claridad en situaciones mentalmente agotadoras.
✿	**Chakras:**	La fluorita clara estimula el chakra de la coronilla; la verde abre el del corazón, y la morada activa el chakra del tercer ojo.
◎	**Afín con:**	Capricornio, Piscis

La fluorita suele ser un cristal translúcido, pero a menudo presenta una gran variedad de colores, a veces en patrones y variaciones espectaculares. Predominan los colores blanco, rosa, morado, verde y azul. Cada color de fluorita tiene su propio efecto, y la combinación de transparente, verde y morado en un mismo cristal es muy apreciada por muchos curanderos. Algunos ejemplares de fluorita son fluorescentes.

Granate

♡	**Desarrollo emocional:**	Fomenta el valor; aumenta la fuerza de voluntad e inspira la acción; reduce la ira; estimula el amor y la pasión.
✹	**Crecimiento de mente/espíritu:**	Libera el mal karma; mejora la intuición.
✿	**Chakras:**	Apoya los chakras base, sacro y del corazón.
◎	**Afín con:**	Leo, Virgo, Capricornio, Acuario

Bajo el nombre genérico de granate, exiten diferentes tipos: piropo (o bohemio), espesartina, almandino, andradita, grossular, hessonita y uvarovita. Son famosos por su belleza de color rojo intenso, aunque también aparecen en marrón, negro, ámbar, incoloro y verde. Son un símbolo de amor, pasión e impulso hacia el éxito. Considerados como cristales regeneradores, son potentes energizantes que equilibran, fortalecen y protegen. Muchos creen que traen suerte en los negocios y en el amor, pues aumentan la confianza.

Girasol

♡	**Desarrollo emocional:**	Reduce la negatividad; fomenta la perspectiva; permite una buena comunicación.
✹	**Crecimiento de mente/espíritu:**	Promueve la conciencia centrada en el corazón; fomenta la adaptabilidad y la visualización creativa; desarrolla la inspiración y la resolución rápida de problemas.
✿	**Chakras:**	Ayuda a los chakras del corazón y del tercer ojo.
◎	**Afín con:**	Aries

Este cristal es ideal para visualizar, potenciar la imaginación o relatar sueños para su interpretación. También se utiliza cuando las energías o los pensamientos están bloqueados por lo que a menudo se emplea en técnicas curativas.

Obsidiana dorada

♡	**Desarrollo emocional:**	Protege contra la negatividad; ayuda a superar el miedo, libera los bloqueos emocionales.
	Crecimiento de mente/ espíritu:	Contribuye a recuperar el poder personal y a revelar los talentos ocultos.
	Chakras:	Apoya los chakras raíz y del plexo solar.
	Afín con:	Sagitario

La obsidiana se forma a partir de lava que se ha enfriado muy rápidamente. Cuando aparecen burbujas de aire en las capas superiores de este vidrio volcánico, puede producirse una superficie dorada parecida a un halo de «obsidiana dorada». Este cristal se ha utilizado desde la antigüedad para fabricar herramientas cortantes, armas y ornamentos. Muchos practicantes consideran que la obsidiana es un cristal poderoso y protector, que disuelve los bloqueos emocionales, elimina los viejos choques y el miedo, y aporta claridad a los sentimientos.

Aventurina verde

♥	**Desarrollo emocional:**	Ayuda en el proceso de autoaceptación; nos anima a encontrar tiempo para cuidarnos.
✸	**Crecimiento de mente/ espíritu:**	Equilibra las energías masculina y femenina en nuestro interior; ayuda a la comprensión entre hombres y mujeres.
🍃	**Chakras:**	Calma y abre el chakra del corazón.
◉	**Afín con:**	Aries, Cáncer, Libra

La aventurina es una piedra no cristalina. Aunque se puede encontrar en varios colores, como el azul y el marrón rojizo, la piedra verde frío es la que más se reconoce. Las motas de mica incrustadas en el cristal le confieren un brillo resplandeciente. Antes de que el jade fuera de uso común en China, la aventurina se utilizaba para tallar y ornamentar. Durante mucho tiempo se ha considerado un cristal curativo polivalente y que favorece la salud y el bienestar generales.

Calcita verde

♥	**Desarrollo emocional:**	Contribuye al cambio y la transición; disipa la ira y las emociones negativas; alivia, calma y reduce el estrés.
✾	**Crecimiento de mente/espíritu:**	Ayuda a manifestar y realizar los sueños; favorece la prosperidad espiritual y la abundancia.
✿	**Chakras:**	Estimula el chakra del corazón.
◉	**Afín con:**	Cáncer, Virgo

Al crecer en cualquier lugar al que llegue el agua, la calcita verde tiene una profunda conexión con la naturaleza y la Tierra, lo que la convierte en una herramienta ideal para experimentar una meditación profunda, sobre todo cuando se medita al aire libre. La calcita verde se considera un poderoso cristal del corazón y puede favorecer una acción clara y decidida.

Fluorita verde

♥	**Desarrollo emocional:**	Ofrece ánimo y apoyo; ayuda a mantener la concentración; disipa experiencias emocionales dolorosas del pasado.
✾	**Crecimiento de mente/espíritu:**	Potencia la intuición; despeja la mente desordenada.
✿	**Chakras:**	Favorece los chakras del corazón y de la garganta.
◉	**Afín con:**	Capricornio, Piscis

Cuando se observa bajo luz ultravioleta, la fluorita verde emite un brillo impresionante. Tiene un resplandor vidrioso y luminoso y se funde con mucha facilidad. Además de ser admirada por su belleza, se cree que mejora la concentración y la retención de información. Siempre un buen regalo para los estudiantes en época de exámenes, la fluorita verde también se conoce como «la piedra del genio».

Hematites

Desarrollo emocional: Desvía la negatividad y disipa los miedos; reduce las emociones dolorosas; alivia nuestras reacciones al estrés.

Crecimiento de mente/ espíritu: Proporciona equilibrio entre lo físico, lo emocional y lo mental; refuerza la conexión entre la mente lógica y la intuición.

Chakras: Equilibra el chakra raíz.

Afín con: Aries, Acuario

La hematites es un cristal brillante y pesado que tiene un aspecto y un tacto muy parecidos a los del metal. Va del gris acero al negro plateado y a veces tiene un destello rojo en su interior. Su nombre proviene del griego que significa «rojo sangre». En algunos países, la hematites se denomina «piedra de sangre», lo que a veces puede hacer que se confunda con el cristal más comúnmente llamado piedra de sangre. Desde la Antigüedad clásica, la hematites se ha considerado un cristal que infunde valor y fuerza a quien lo lleva.

Ojo de halcón

Desarrollo emocional:		Disipa la ansiedad y los sentimientos de estrés; ayuda a superar miedos y fobias.
Crecimiento de mente/ espíritu:		Mejora la meditación y las habilidades adivinatorias; contribuye a desarrollar la intuición, adquirir sabiduría espiritual y resolver conflictos internos.
Chakras:		Estimula los chakras de la garganta y del tercer ojo.
Afín con:		Sagitario

El ojo de halcón, también conocida como «ojo de tigre azul», es una evolución muy oscura y melancólica del cuarzo, y tiene un tinte entre azul grisáceo y verdoso. Como «piedra ocular», se cree que ayuda con los dones sensoriales, como la clarividencia, y se venera por su capacidad para ayudar a «ver», tanto literal como cósmicamente. Se la considera útil para alejar las energías oscuras, como los celos y la malicia, y para proporcionar una visión más profunda de las fuerzas ocultas que nos rodean.

Diamante Herkimer

❤ **Desarrollo emocional:** Alivia el estrés y la tensión; favorece los sentimientos de paz, calma y armonía.

✤ **Crecimiento de mente/espíritu:** Mejora la meditación, las visiones y las experiencias adivinatorias; ayuda con los sueños, la inspiración creativa y la perspicacia; fomenta la comprensión y la conexión con los demás; utilizada como amplificador y purificador de luz y energía.

✿ **Chakras:** Favorece los chakras del tercer ojo y corona.

◎ **Afín con:** Aries, Sagitario

Aunque no es un diamante propiamente dicho, el diamante Herkimer es un cristal de cuarzo encontrado en los alrededores del condado de Herkimer, Nueva York. Los practicantes del cristal consideran que estos cristales tienen una energía vibratoria elevada y creen que pueden potenciar la clarividencia, sobre todo las visiones.

Calcita miel

❤ **Desarrollo emocional:** Tiene la capacidad única de calmar y energizar al mismo tiempo; contribuye a la motivación; ayuda a afrontar el cambio.

✤ **Crecimiento de mente/espíritu:** Potencia las capacidades adivinatorias; permite una comunicación más profunda y la conexión con el yo superior; aumenta la eficacia; potencia el aprendizaje.

✿ **Chakras:** Estimula los chakras sacro y del plexo solar.

◎ **Afín con:** Cáncer, Leo, Piscis

Se cree que la calcita miel (o carbonato cálcico amarillo) estimula la creatividad y la determinación. Es ideal para tareas que requieren largos periodos de concentración y duro trabajo.

Howlita

Desarrollo emocional:	Alivia el estrés y la ansiedad; inspira la creatividad; fomenta la apertura mental y la expresión emocional.	
Crecimiento de mente/ espíritu:	Ayuda a acceder a la sabiduría de los sueños; favorece la autoconciencia y la capacidad de conectar y comunicarse con los reinos superiores.	
Chakras:	Sostiene los chakras base y corona.	
Afín con:	Géminis	

Parecida al mármol cuando se pule, la howlita es un mineral de borato de color blanco con vetas grises o negras que siguen un patrón errático. Puede ser casi vítreo, con una transparencia que va de translúcido a opaco. Considerado un cristal calmante, puede utilizarse para combatir el insomnio y conciliar un sueño reparador. También es un buen disipador de conflictos, ya que enseña a tener paciencia y elimina el estrés, el dolor y los sentimientos de ira.

Iolita

💙	**Desarrollo emocional:**	Ayuda a afrontar el cambio; alivia el estrés; calma las emociones; fomenta la empatía.
🌼	**Crecimiento de mente/ espíritu:**	Contribuye a la visualización y al desarrollo de las capacidades adivinatorias; potencia la intuición.
🪷	**Chakras:**	Favorece los chakras del tercer ojo y corona.
⊚	**Afín con:**	Tauro, Libra, Sagitario

La iolita es la versión de calidad gema de la cordierita pulida. Conocida como «la brújula de los vikingos», se dice que los vikingos la utilizaban para filtrar el sol y orientarse en viajes largos. Con sus profundos tonos azules y morados, la iolita también se conoce como «zafiro de agua». Considerado un cristal de equilibrio, ayuda a las personas desmotivadas, distraídas, confusas o desorganizadas. Puede reforzar la determinación y animar a la gente a continuar y, en última instancia, a realizar una tarea larga.

Jade

❤ Desarrollo emocional:	Ayuda a resolver conflictos y suscita amor.
✳ Crecimiento de mente/espíritu:	Fomenta la compasión hacia los demás; es un cristal «guardián» ideal para la protección.
🌿 Chakras:	El jade azul estimula el chakra de la garganta; el jade lavanda y verde favorece el del corazón; el jade blanco abre el de la coronilla; el jade amarillo o rojo estimula los chakras sacro y del plexo solar.
⚛ Afín con:	Tauro, Géminis, Libra

Piedra no cristalina, el jade se encuentra en una gran variedad de colores: blanco, marrón, lavanda, rosa salmón, azul, amarillo y todos los tonos de verde. Las cualidades curativas están relacionadas con el color del cristal. En Asia, se considera un cristal de buena fortuna y a menudo se lleva como amuleto para protegerse. El jade verde significa salud, crecimiento y abundancia en todos los ámbitos de la vida.

Azabache

❤ Desarrollo emocional:	Alivia la pena; disipa las energías y emociones negativas; calma y tranquiliza.
✳ Crecimiento de mente/espíritu:	Proporciona visión, perspectiva y claridad; protege contra las energías negativas.
🌿 Chakras:	Ayuda al chakra raíz.
⚛ Afín con:	Capricornio

El azabache se considera un fuerte purificador, que disipa la mala energía y fomenta un renovado sentido positivo del yo y del bienestar. Este cristal también se tiene como un símbolo de buena suerte. Puede utilizarse para limpiar otros cristales, purgándolos de su energía.

Labradorita

♡	**Desarrollo emocional:**	Nos anima a desprendernos de lo viejo (comportamiento, hábitos, ansiedades, rencores, creencias, prejuicios) y nos motiva a encontrar formas innovadoras de alcanzar nuestros deseos; confianza y uso correcto del poder y la voluntad.
✿	**Crecimiento de mente/ espíritu:**	Pone en marcha nuestra intuición; estimula los procesos mentales; mejora la capacidad de pensamiento racional.
❧	**Chakras:**	Equilibra el chakra de la garganta y estimula el chakra del tercer ojo.
◉	**Afín con:**	Escorpio, Sagitario

También conocida como espectrolita, la labradorita es una forma de feldespato que muestra brillantes reflejos de azules vivos, rojos cobrizos y dorados. Esto se debe a la formación de finas placas en la composición del cristal que se dividen y reflejan la luz. Cuando el cristal se gira para captar la luz, se hacen visibles aún más colores, de forma similar al ópalo. La labradorita se llevaba como talismán, para protegerse del mal.

Lapislázuli

♡	**Desarrollo emocional:**	Inspira el pensamiento positivo; aleja la depresión leve y el mal humor; aumenta la confianza en uno mismo.
❂	**Crecimiento de mente/ espíritu:**	Fomenta el sentido de comunidad y responsabilidad social al conectar lo espiritual con lo físico y animarnos a trabajar por el bien común; despierta el «tercer ojo», y hace surgir el desarrollo psíquico y la perspicacia.
❀	**Chakras:**	Abre los chakras de la garganta y del tercer ojo.
◉	**Afín con:**	Aries, Tauro, Acuario

El lapislázuli, el «zafiro de los antiguos», ha sido muy apreciado desde la época del antiguo Egipto, cuando se incrustaba en sus muebles altamente decorados y se tallaba en grandes pilares y objetos decorativos. Es un cristal opaco y su color azul noche sugería a los antiguos egipcios que era un cristal del cielo; se consideraba que las motas de mica o pirita que contenía representaban las estrellas del cielo nocturno.

Larimar

♥	**Desarrollo emocional:**	Fomenta la comunicación; alivia el estrés; reduce la negatividad; aporta calma, equilibrio y tranquilidad.
✴	**Crecimiento de mente/espíritu:**	Ayuda a aceptar el cambio, asiste en la meditación y en la comunicación con el espíritu superior.
❧	**Chakras:**	Favorece los chakras de la garganta, del tercer ojo y corona.
◎	**Afín con:**	Leo, Piscis

El larimar, que solo se encuentra en la República Dominicana, es una exquisita variedad azul verdosa de la pectolita. Se considera que este cristal es calmante y tranquilizante, por lo que los practicantes lo utilizarán para fomentar la quietud interior y también para infundir sentimientos de paz.

Jaspe piel de leopardo

♥	**Desarrollo emocional:**	Favorece la estabilidad y la armonía emocional; alivia el estrés; aporta una sensación de calma y tranquilidad.
✴	**Crecimiento de mente/espíritu:**	Mejora la conexión con los animales; favorece las experiencias extracorpóreas.
❧	**Chakras:**	Ayuda a los chakras de la base y el corazón.
◎	**Afín con:**	Géminis, Escorpio

Como todas las variedades de jaspe, el piel de leopardo es algo más que bello: se considera un unificador, ya que absorbe la energía negativa y equilibra las cualidades del yin y el yang; también contribuye al enraizamiento y ayuda en momentos de estrés.

Lepidolita

♥	**Desarrollo emocional:**	Estabiliza el estado de ánimo; alivia el estrés y las preocupaciones; ayuda en los trastornos del sueño.
✳	**Crecimiento de mente/ espíritu:**	Mejora la meditación y la trascendencia espiritual; equilibra las emociones con el intelecto.
❁	**Chakras:**	Favorece los chakras del corazón, del tercer ojo y corona.
◉	**Afín con:**	Libra

Considerada un maravilloso estabilizador del estado de ánimo, la lepidolita suele ser de color malva lila, aunque también puede ser amarilla pálida, gris o incolora. Es una fuente de litio para la industria farmacéutica y también se utiliza para fabricar vidrio y esmalte. Se dice que este cristal, muy suave y curativo, restablece el equilibrio y la armonía, sobre todo para los que han pasado por una época de cambio y agitación. La lepidolita puede ser un gran ancla, que enfría las emociones fuertes, como la ira, los celos y la impulsividad, y las sustituye por serenidad amorosa.

Magnesita

Desarrollo emocional:		Fomenta sentimientos de amor incondicional; alivia el estrés y los sentimientos de exceso de trabajo y agotamiento; inspira calma y tranquilidad.
Crecimiento de mente/espíritu:		Tranquiliza la mente para potenciar la meditación y la visualización creativa.
Chakras:		Favorece los chakras del corazón, del tercer ojo y corona.
Afín con:		Aries, Libra

Fuente de magnesio, la magnesita puede ser blanca, gris o marrón amarillenta, con un brillo suave y ceroso. Se cree que abre el chakra del corazón e invoca el amor hacia uno mismo y hacia los demás. Al igual que el magnesio, muchos practicantes del cristal creen que la magnesita puede ayudar en la digestión, la relajación muscular y el estreñimiento. Este cristal extremadamente trabajador se alea con aluminio, zinc y manganeso en la construcción de aviones, naves espaciales ¡e incluso electrodomésticos!

Obsidiana caoba

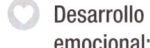

♥ **Desarrollo emocional:**	Fomenta el enraizamiento y la fuerza; alivia la tensión; ayuda a la autoconfianza, la autoaceptación y la toma de decisiones.
✱ **Crecimiento de mente/espíritu:**	Contribuye a la reflexión; libera los bloqueos creativos.
✿ **Chakras:**	Estimula los chakras raíz y sacro.
◉ **Afín con:**	Libra, Escorpio

Como todas las obsidianas, la obsidiana caoba se forma a partir del flujo de lava de las erupciones volcánicas; a menudo descrita como «vidrio volcánico», se crea tan rápidamente que no tiene tiempo de formar facetas. Como cristal curativo, la obsidiana caoba puede ayudarnos a liberar nuestras inhibiciones y limitaciones.

Malaquita

♥ **Desarrollo emocional:**	Calma las emociones, sobre todo cuando domina una emoción incómoda o se está expresando de forma dolorosa.
✱ **Crecimiento de mente/espíritu:**	Cuando se utiliza en meditación, permite ver con claridad tanto nuestras partes deseables como las menos deseables; es un cristal «guardián» ideal para la protección.
✿ **Chakras:**	Abre los chakras del corazón y de la garganta.
◉ **Afín con:**	Aries, Acuario

Las partículas de polvo de malaquita son tóxicas si se inhalan o ingieren, por lo que es más seguro utilizar un cristal pulido que una pieza sin tallar. Puede ser un poderoso catalizador del cambio, pero puede resultar angustiosa si nos sentimos vulnerables. Es, pues, mejor utilizarla inicialmente para meditaciones breves.

Moldavita

♡	**Desarrollo emocional:**	Amplifica los sentimientos y emociones intensos; promueve las epifanías.
❋	**Crecimiento de mente/ espíritu:**	Mejora la meditación, facilita la conexión cósmica y la conciencia; fomenta los viajes espirituales y la transformación.
❀	**Chakras:**	Favorece los chakras del corazón, del tercer ojo y corona.
◉	**Afín con:**	Todos los signos astrológicos

La moldavita es un tipo de tektita formada a partir de la roca terrestre que se funde al ser golpeada por un gran meteorito. Este exquisito cristal de color verde oliva y bosque se encuentra en la República Checa. Imbuida de energía cósmica, la moldavita se considera una fusión entre lo terrenal y lo del otro mundo. Los practicantes del cristal lo utilizan para conectar a los tipos cínicos y resistentes con la gran maravilla del universo. Está considerado un cristal poderoso que impone respeto; por eso quien lo use debe aclimatarse primero a él, para evitar posibles mareos y aturdimientos.

Jaspe mokaita

 **Desarrollo emocional:**		Fomenta la estabilidad y la perspectiva; ayuda en las decisiones, al romper viejas rutinas y afrontar lo desconocido.
Crecimiento de mente/ espíritu:		Potencia la intuición práctica y la conexión con la naturaleza y la tierra; beneficia en la meditación.
Chakras:		Sostiene los chakras de la base, sacro y plexo solar.
Afín con:		Virgo, Escorpio

El jaspe mokaita, que solo se encuentra en Australia Occidental, es un cristal maravillosamente terroso y enraizante que ayuda al portador a desarrollar todo su potencial para cualquier tarea que tenga entre manos. Con bandas amarillas y rojas, el jaspe mokaita se considera un cristal muy estabilizador, que lo convierte en una herramienta perfecta para superar la procrastinación y resolver problemas persistentes. Se dice que aquieta la mente, invoca sentimientos de frialdad y calma, y proporciona energía para concentrarse en el trabajo o la escuela.

Piedra de luna

Desarrollo emocional: Reconecta con el aspecto femenino de nuestra naturaleza; facilita el acceso a la intuición y a su parte nutricia.

Crecimiento de mente/espíritu: Nos ayuda a ver nuestro lugar en relación con el mundo que nos rodea; libera pautas de comportamiento antiguas o negativas para dejar paso a lo nuevo.

Chakras: Equilibra el chakra del tercer ojo y abre el chakra de la coronilla.

Afín con: Cáncer, Escorpio

Los cristales más finos y azules, según la leyenda cingalesa, son arrastrados por las mareas cada «tercer séptimo año», cuando el sol y la luna están en sus aspectos más positivos. Se dice que el brillo de estos cristales cambia con la luna creciente y menguante. La piedra de luna nos recuerda la naturaleza cíclica de la vida, reconectándonos con este flujo y reflujo.

Morganita, berilo rosa

Desarrollo emocional: Abre el corazón al amor; cura las heridas emocionales; suscita sentimientos de paz y felicidad.

Crecimiento de mente/espíritu: Conecta con el amor divino; fomenta la reverencia hacia todos los seres vivos.

Chakras: Sostiene los chakras base y corona.

Afín con: Libra

La morganita, o berilo rosa, se considera un cristal de amor divino. Se dice que el suave color melocotón, parecido al primer amanecer, atrae el amor puro y la alegría a la vida de quien lo posee. Los profesionales del cristal emplearán la morganita para curar, limpiar los sentimientos de estrés y ansiedad, y fomentar la ligereza interior.

Ágata musgosa

♡ **Desarrollo emocional:**		Fomenta la vida consciente; promueve una disposición amable y nutritiva; mejora la conexión con la naturaleza.
✿ **Crecimiento de mente/ espíritu:**		Ayuda con los nuevos comienzos; proporciona claridad y estabilidad; contribuye a romper viejos hábitos.
♣ **Chakras:**		Fomenta los chakras del corazón y corona.
◎ **Afín con:**		Virgo

Llamada así por su color verde terroso, el ágata musgosa es una variedad de la calcedonia y suelen utilizarla como talismán los jardineros y quienes se dedican a la agricultura. El ágata musgosa se considera un cristal de abundancia y signo de nuevos comienzos. Puede emplearse para atraer riqueza financiera y cosechas abundantes, y también lo usan las futuras madres y las comadronas como cristal de parto. Se dice que estabiliza los temperamentos volátiles y a los que se sienten atraídos por el drama. Es un cristal de crecimiento personal, fortaleza y optimismo.

Obsidiana

♡	**Desarrollo emocional:**	Refleja la negatividad; mantiene nuestro estado emocional enraizado y estable; permite «recuperar el equilibrio» tras acontecimientos inusualmente estresantes.
✿	**Crecimiento de mente/ espíritu:**	Proporciona ideas potentes, que puede llevar a nuestra consciencia de forma poco sutil y resultar abrumadora.
✿	**Chakras:**	Equilibra el chakra raíz.
◉	**Afín con:**	Aries, Acuario

La obsidiana se forma a partir de la lava de las erupciones volcánicas. Se crea tan rápidamente que no tiene tiempo de formar facetas. Es un cristal frágil y se rompe formando aristas afiladas; esta cualidad era valorada entre los pueblos antiguos, ya que con ella se fabricaban excelentes puntas de lanza, puntas de flecha y cuchillos. La obsidiana se utiliza a menudo para la observación de cristales en forma de bolas pulidas o de «espejos» de obsidiana. Como cristal curativo, se considera un cristal poderoso que debe utilizarse con respeto y reserva.

Ópalo

♡	**Desarrollo emocional:**	Fortalece las relaciones, equilibra los cambios de humor; permite confiar en los instintos.
✳	**Crecimiento de mente/espíritu:**	Despierta o potencia las capacidades adivinatorias y la visualización creativa; favorece el cambio y la realización de los sueños.
✿	**Chakras:**	Varía según el color.
◉	**Afín con:**	Cáncer, Libra, Escorpio, Piscis

Los ópalos, que se encuentran principalmente en Australia, se conocen a veces como la «Reina de las gemas». Se cree que invocan el amor, la inocencia, la buena suerte y la felicidad. Los practicantes de cristales los utilizarán como protección y apoyo emocional. Se dice que los ópalos pueden ayudar a las mujeres en el parto y calmar a los niños que tienen problemas para conciliar el sueño.

Calcita naranja

♡	**Desarrollo emocional:**	Potencia la creatividad; mejora la fuerza de voluntad; alivia la depresión; fomenta la alegría y el optimismo.
✳	**Crecimiento de mente/espíritu:**	Agudiza los instintos; aporta perspicacia; actúa como tónico espiritual.
✿	**Chakras:**	Activa los chakras de la base, el sacro y el plexo solar.
◉	**Afín con:**	Cáncer, Leo

Se cree que este cristal tan ardiente y apasionado desbloquea la energía sexual y aumenta la fertilidad. La calcita naranja se considera un cristal muy edificante, que levanta el ánimo y hace que las endorfinas buenas inunden la mente. Se dice que la variedad naranja es perfecta para quien desee reavivar la pasión o encender un nuevo romance.

Jaspe orbicular

💙 **Desarrollo emocional:**		Disipa la ira; favorece la paciencia; promueve sentimientos de alegría y entusiasmo; libera bloqueos emocionales; alivia el estrés y la depresión.
🌿 **Crecimiento de mente/ espíritu:**		Promueve la renovación; aumenta la sabiduría espiritual; fomenta un espíritu de paz y de dejar ir.
🍃 **Chakras:**		Apoya los chakras del plexo solar y del corazón.
☸ **Afín con:**		Capricornio

Con sus tentadoras formas esféricas, el jaspe orbicular también recibe el nombre de «jaspe oceánico». Encarna una sensación de pureza tranquilizadora con una vibración lenta y constante que, como el agua, proporciona una sensación de interconexión. Es un cristal raro que solo se encuentra en la costa de Madagascar. Se utiliza para infundir y fomentar la paciencia, y aprovechar las necesidades de los demás. Como todos los cristales oceánicos, se cree que alivia el estrés y deja espacio para la tranquilidad.

Ojo de buey

💙	**Desarrollo emocional:**	Aumenta la fuerza de voluntad, la confianza y la autoestima; proporciona valor y motivación; ayuda a superar las dificultades.
⚙️	**Crecimiento de mente/ espíritu:**	Promueve la claridad espiritual y la conexión con objetivos superiores.
🍃	**Chakras:**	Estimula el chakra raíz.
⚙️	**Afín con:**	Capricornio

El ojo de buey es un cristal de color rojo caoba o marrón intenso, y a veces también se conoce como «ojo de toro», «ojo de dragón» u «ojo de tigre marrón». Este cristal hipnotizador y enraizante suele tratarse térmicamente para producir una impresionante combinación de colores. Como «piedra ocular», se considera que este cristal favorece la claridad y la acción decisiva, sobre todo cuando se avanza hacia una ambición largamente acariciada.

Peridoto

 **Desarrollo emocional:** Estimula el amor incondicional; disipa los sentimientos negativos de dolor, culpa y celos; promueve la aceptación y la asunción de la responsabilidad de las propias elecciones.

Crecimiento de mente/espíritu: Favorece la energía positiva; atrae la prosperidad y la abundancia; fomenta suavemente el crecimiento personal.

Chakras: Apoya los chakras del plexo solar y del corazón.

Afín con: Leo, Virgo, Escorpio, Sagitario

Considerado como un cristal de transformación, el peridoto es útil en la recuperación de la adicción y la dependencia. También se dice que alivia la ansiedad porque disipa el miedo, la culpa y la impaciencia. Durante muchos siglos, los creyentes lo han utilizado como talismán de la buena suerte y para protegerse de la envidia y los chismes.

Calcita manganeso rosa

Desarrollo emocional: Alivia el dolor del duelo; fomenta la confianza, el amor propio y el perdón; mejora la ansiedad; disipa los miedos.

Crecimiento de mente/espíritu: Contribuye a reconocer el amor divino, a comprender el amor universal y la verdad.

Chakras: Ayuda a los chakras del corazón y corona.

Afín con: Cáncer

Se dice que fomenta los sentimientos de paz, compasión y amor puro, y se cree que la calcita manganeso rosa cura los corazones rotos, pues infunde sentimientos de armonía y paz mental. Se considera un poderoso cristal del corazón que conduce a la compasión por uno mismo y a un sentimiento de tranquilidad y autodeterminación.

Turmalina rosa

❤️ **Desarrollo emocional:** Fomenta el amor incondicional; promueve el equilibrio emocional, la fuerza y el valor; potencia la empatía y la compasión.

✳️ **Crecimiento de mente/ espíritu:** Inspira el servicio a los demás y una conexión más profunda con la tierra y la humanidad.

🪷 **Chakras:** Apoya los chakras raíz y del corazón.

⊚ **Afín con:** Libra

La turmalina rosa es venerada por unir el amor con la espiritualidad. Capaz de formar una carga eléctrica con solo frotarlo, este poderoso cristal se utiliza en circuitos de sintonización eléctrica. Es un cristal protector y se dice que proporciona una fuente beneficiosa de energía en cualquier momento de cambio, sobre todo en la pubertad. Parece que libera el dolor emocional y despeja los bloqueos del aura. Cuando la turmalina rosa se combina con la verde, se conoce como la codiciada «turmalina sandía».

Prehnita

💚	**Desarrollo emocional:**	Promueve sentimientos de calma, paz y protección; refuerza la autoestima; aumenta la confianza en uno mismo.
✳️	**Crecimiento de mente/ espíritu:**	Mejora la meditación; favorece los sueños vívidos; estimula una conexión más profunda con la naturaleza.
🍃	**Chakras:**	Ayuda a los chakras del plexo solar y del corazón.
◉	**Afín con:**	Libra

La prehnita, que se presenta en verde medio, tostado, amarillo pálido, blanco, gris y azul claro, es un silicato de calcio y aluminio que suele encontrarse en las rocas volcánicas. Con un brillo ceroso y a veces nacarado, la prehnita puede ayudar a la percepción, al pensamiento analítico y a renovar la atención. Como herramienta meditativa, este cristal de apoyo ofrece una sensación de calma, al tiempo que aporta paz y protección. La prehnita se coloca con frecuencia en los parterres del jardín o junto a la puerta de entrada para fomentar una sensación de santuario en el hogar.

Pirita

Desarrollo emocional:	Aumenta la confianza para superar el miedo; canaliza la energía hacia la acción; fomenta la positividad y la concentración.
Crecimiento de mente/espíritu:	Proporciona protección contra la energía negativa; atrae la abundancia y la prosperidad; inspira a seguir los sueños.
Chakras:	Apoya los chakras sacro y del plexo solar.
Afín con:	Leo

Conocida también como «oro de los locos», la pirita está extendida por todo el mundo y recibe su nombre de la palabra griega «pyr», que significa «fuego». Los profesionales del cristal la utilizan para aliviar la fatiga emocional y el agotamiento. La pirita, colocada en el lugar de trabajo o en el despacho de casa, puede ser energizante, aumentar la concentración y fomentar las cualidades de liderazgo.

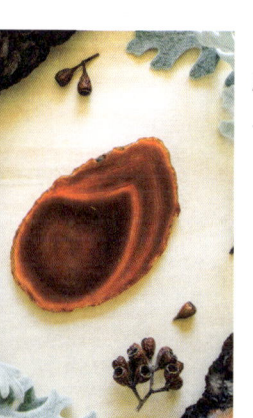

Ágata roja

Desarrollo emocional:	Alivia y calma; ayuda a reorganizar y restablecer las emociones; aumenta la sensación de seguridad y protección; mejora la concentración.
Crecimiento de mente/espíritu:	Reequilibra y rearmoniza el yo espiritual; aumenta la percepción y la capacidad de análisis.
Chakras:	Estimula el chakra raíz.
Afín con:	Géminis

El ágata roja se ha utilizado como amuleto curativo durante milenios. Considerado un gran protector de los viajeros, fomenta el valor, la estabilidad y la confianza en uno mismo. Se cree que crea un flujo circular de energía, que proporciona seguridad, fuerza y resistencia emocional.

Jaspe rojo

Desarrollo emocional: Calma las emociones y nos recuerda la necesidad de cuidarnos tanto emocional como físicamente; fomenta la autoaceptación y profundiza en la autoconciencia.

Crecimiento de mente/espíritu: Dirige nuestras capacidades hacia la acción; estimula la imaginación y el acceso a nuestros sueños a través de la meditación.

Chakras: Ayuda al chakra raíz.

Afín con: Aries y Tauro

El jaspe rojo es un cuarzo opaco que suele encontrarse en forma de cantos rodados o cuentas, o cortado y pulido en esferas u obeliscos. Ya en el siglo XI se escribía en Europa sobre sus poderes curativos. Se le atribuía el poder de mejorar la digestión, curar la epilepsia, prevenir los cálculos renales y contrarrestar los efectos del veneno de serpiente.

Rodocrosita

Desarrollo emocional: Fomenta los sentimientos de amor y aceptación; mejora la autoestima; alivia la angustia; aporta consuelo y positividad.

Crecimiento de mente/espíritu: Mejora la meditación; limpia las vibraciones negativas; contribuye en la recuperación de los dones y talentos perdidos.

Chakras: Apoya los chakras del plexo solar y del corazón.

Afín con: Leo, Escorpio

Se cree que la rodocrosita fomenta el amor incondicional, la ternura, la bondad y el consuelo del alma. Parece que provoca sentimientos de alegría, optimismo y creatividad. Es un cristal de curación y puede utilizarse para dar la bienvenida a un nuevo amor.

Rodonita

Desarrollo emocional: Ayuda a sanar el corazón tras una ruptura; promueve sentimientos de amor incondicional y aceptación; fomenta el altruismo, la pasión y el propósito; apoya el cambio personal y la transición.

Crecimiento de mente/espíritu: Mejora la meditación; proporciona una visión del yo interior; promueve el servicio al espíritu y a la humanidad en general.

Chakras: Estimula los chakras de la base y del corazón.

Afín con: Tauro

Se dice que la rodonita es un «cristal de primeros auxilios» para el corazón. Se utiliza para calmar la ansiedad, enraizar y centrar las emociones en flujo y alimentar sentimientos de calma y amor. La rodonita también se considera un cristal muy altruista, que fomenta los sentimientos de generosidad y el sentido de comunidad.

Cuarzo rosa

Desarrollo emocional: Ayuda tras una pérdida o trauma; facilita la expresión de la ira de forma segura; suaviza el dolor del duelo; favorece la curación personal y libera el estrés.

Crecimiento de mente/espíritu: Infunde un sentimiento de amor hacia los demás; fomenta el perdón y la confianza; ideal para el trabajo de varita mágica.

Chakras: Abre y equilibra el chakra del corazón.

Afín con: Tauro, Virgo, Libra

El cuarzo rosa siempre se ha relacionado con el corazón y con el amor: romántico, incondicional, propio y espiritual. El cuarzo rosa aumenta la capacidad de recibir y expresar amor.

Rubí

♡	**Desarrollo emocional:**	Equilibra las emociones; potencia los sentimientos de pasión y amor; aporta conciencia emocional; ayuda a establecer conexiones personales con los demás.
	Crecimiento de mente/espíritu:	Favorece la concentración; aumenta el conocimiento espiritual; revela el amor divino.
	Chakras:	Apoya los chakras raíz y del corazón.
	Afín con:	Aries, Cáncer, Leo, Escorpio, Sagitario

Adorado como cristal del corazón, se cree que el rubí invoca el vigor, una libido elevada y el amor a la vida. Es más abundante en Myanmar, Tailandia y Sri Lanka, y manifiesta la poderosa conexión entre el corazón y lo espiritual.

Zafiro

♡	**Desarrollo emocional:**	Aumenta la confianza en uno mismo; alivia el estrés; fomenta la lealtad y el compromiso; facilita la comunicación y la autoexpresión.
	Crecimiento de mente/espíritu:	Aporta sabiduría y claridad mental; potencia la intuición y los sueños, la búsqueda de la verdad y el cumplimiento de los objetivos.
	Chakras:	Ayuda a los chakras de la garganta, del tercer ojo y corona.
	Afín con:	Virgo, Libra, Sagitario

Apreciados desde la antigüedad, los zafiros han sido la joya elegida por los reyes y ocupan un lugar destacado en la tradición religiosa. El zafiro azul, en particular, ha sido el más buscado, aunque lo más probable es que lo que llamaban zafiros fueran lapislázuli. Los zafiros de todos los colores aportan sabiduría e integridad. El zafiro blanco simboliza la verdadera conciencia, la claridad de pensamiento y el discernimiento.

Septario

♥ **Desarrollo emocional:**	Aumenta la paciencia, la tolerancia y la flexibilidad; fomenta la confianza en uno mismo y la autoridad al hablar en público.
✺ **Crecimiento de mente/espíritu:**	Promueve una conexión más profunda con la naturaleza; mejora los sueños; favorece el despertar interior del ser espiritual; apoya durante los cambios drásticos.
✿ **Chakras:**	Estimula el chakra base.
◉ **Afín con:**	Tauro

Los nódulos septarianos (conocidos también como «piedra de dragón») se desarrollan después de que se forme y agriete una roca sedimentaria, como el aragonito. La septaria, considerada un poderoso cristal de enraizamiento, se recomienda a quienes experimentan grandes cambios en su vida.

Serpentina

♥ **Desarrollo emocional:**	Concede protección emocional, equilibrio y conexión a la tierra; calma el espíritu; despeja los bloqueos emocionales.
✺ **Crecimiento de mente/espíritu:**	Potencia la meditación y la sabiduría; atrae la abundancia y la prosperidad; favorece una conexión profunda con la tierra.
✿ **Chakras:**	Ayuda a los chakras del corazón y corona.
◉ **Afín con:**	Géminis

Llamada así por el parecido de su superficie con la piel de una serpiente, la serpentina tiene un color que va del verde translúcido al verde oscuro y al negro violáceo. Se dice que la serpentina es un cristal que representa la independencia, utilizada por los practicantes para equilibrar los cambios de humor, liberar viejos miedos y calmar las emociones.

Shungita

♡	**Desarrollo emocional:**	Alivia el estrés; disipa las emociones negativas; estimula la gratitud.
✻	**Crecimiento de mente/espíritu:**	Absorbe la energía negativa; ayuda al enraizamiento espiritual; imparte sabiduría.
✿	**Chakras:**	Apoya el chakra base.
◎	**Afín con:**	Cáncer, Escorpio, Capricornio

La shungita es un cristal purificador compuesto casi en su totalidad por carbono. Impregnado de misterio, se desconoce su origen, aunque se considera que tiene al menos dos mil millones de años. Muchos consideran que es un poderoso cristal limpiador, que purifica el agua (potable), ayuda con el estrés y actúa como escudo contra la exposición a los campos electromagnéticos. Otros lo llevan encima o cerca del cuerpo para combatir el estrés emocional y la inflamación.

Cuarzo ahumado

♡	**Desarrollo emocional:**	Calma la ansiedad y la hiperactividad; disipa el mal humor y ayuda en las depresiones leves.
✻	**Crecimiento de mente/espíritu:**	Expone las incoherencias entre nuestras creencias y acciones; promueve el cambio consciente e infunde valor para intentarlo de nuevo cuando fracasan nuestros esfuerzos.
✿	**Chakras:**	Equilibra los chakras de la base y del plexo solar.
◎	**Afín con:**	Sagitario, Capricornio

El cuarzo ahumado se origina cuando se forma cristal de cuarzo transparente en presencia de hierro o titanio. Se consideraba que daba buena suerte y se regalaba a los soldados que iban a la batalla, para protegerlos, o como talismán. Como cristal sanador, es preferible un cristal natural al cuarzo ahumado, que se produce artificialmente irradiando cuarzo claro. Estos cristales «creados» tienden a ennegrecerse y a perder su cualidad translúcida.

Obsidiana nevada

♡	**Desarrollo emocional:**	Disipa las emociones negativas como la ira, los celos y el resentimiento; fomenta la calma; ayuda a centrarse en el caos.
✿	**Crecimiento de mente/espíritu:**	Equilibra la mente, el cuerpo y el espíritu; mejora la meditación y proporciona visión espiritual en tiempos de oscuridad.
✿	**Chakras:**	Sostiene los chakras de la base, sacro y plexo solar.
◎	**Afín con:**	Virgo, Capricornio

Normalmente, la obsidiana es de color negro azabache; sin embargo, cuando estos cristales en forma de aguja aparecen en el vidrio volcánico, la obsidiana adquiere un aspecto moteado y manchado. Considerado un cristal enraizador y protector, la obsidiana nevada es un símbolo de pureza. Se cree que favorece la calma, alivia los bloqueos energéticos y elimina los sentimientos negativos.

Sodalita

♡	**Desarrollo emocional:**	Fomenta la fuerza de voluntad y la disciplina; inspira la creatividad y la autoexpresión; mejora la confianza y la autoestima.
✿	**Crecimiento de mente/espíritu:**	Favorece la intuición práctica y potencia las capacidades adivinatorias; ayuda a la autoevaluación honesta, a ser fiel a uno mismo y a confiar en el propio juicio.
✿	**Chakras:**	Estimula los chakras de la garganta y del tercer ojo.
◎	**Afín con:**	Sagitario

La sodalita se considera un poderoso cristal comunicador, que ayuda a expresarse con veracidad y autenticidad. También es un cristal calmante, por lo que es perfecto para meditar, sobre todo cuando se siente ansiedad.

Cuarzo espiritual

♡	**Desarrollo emocional:**	Aumenta la compasión y la paciencia; crea armonía; fomenta sentimientos de unidad; ofrece consuelo en momentos de pérdida o de cambio.
✳	**Crecimiento de mente/espíritu:**	Favorece la meditación en grupo; favorece los viajes astrales y los sueños; disipa la energía negativa.
✿	**Chakras:**	Apoya los chakras corazón y corona.
◉	**Afín con:**	Virgo, Libra, Capricornio, Acuario, Piscis

Cuando diminutos cristales de cuarzo incrustan un núcleo de cuarzo cristalino mayor, la formación se conoce como «cuarzo espíritu». Generalmente amatista, el cuarzo espiritual también puede ser cristal ahumado, citrino, cuarzo blanco o una combinación de estos cristales. Se considera un cristal unificador que representa la comunidad, la armonía y la formación de equipos. Allana el camino en las familias mixtas y cuando llega un nuevo bebé.

Estilbita, zeolita

♡	**Desarrollo emocional:**	Inspira sentimientos de amor universal, paz y conexión; potencia la creatividad; promueve la aceptación y la liberación de emociones negativas.
✳	**Crecimiento de mente/espíritu:**	Aporta claridad mental; favorece la orientación adivinatoria, la intuición y el recuerdo de viajes y experiencias espirituales y metafísicas.
✿	**Chakras:**	Ayuda a los chakras del corazón y corona.
◉	**Afín con:**	Aries

Los clarividentes utilizan la estilbita para la adivinación o para alcanzar un estado meditativo profundo que les permita recordar cosas olvidadas hace tiempo. Considerado un cristal de compasión, proporciona una energía calmante y fomenta el amor incondicional y la alegría.

Sugilita

♥	**Desarrollo emocional:**	Disipa la ira y la rabia; fomenta los sentimientos de amor, aceptación y perdón.
✹	**Crecimiento de mente/espíritu:**	Mejora los sueños; favorece las epifanías y la percepción y conciencia espirituales; protege contra las energías negativas.
✿	**Chakras:**	Favorece los chakras del tercer ojo y corona.
❀	**Afín con:**	Virgo

Valorada por su color intenso, se dice que la sugilita ayuda a recordar los sueños y es una herramienta útil para la meditación, sobre todo cuando se visualiza o se desea acceder a los pensamientos más íntimos. Considerado un cristal cálido y alegre, la sugilita puede abrir el camino hacia el perdón y el desprendimiento de penas o miedos pasados. También se llama «luvulita».

Piedra del sol, feldespato, aventurina

♥	**Desarrollo emocional:**	Levanta el ánimo; promueve sentimientos de alegría, optimismo y generosidad; fomenta la acción positiva.
✹	**Crecimiento de mente/espíritu:**	Energiza la mente y el espíritu; aumenta el poder personal; permite cortar los lazos con las influencias negativas.
✿	**Chakras:**	Ayuda a los chakras sacro y del plexo solar.
❀	**Afín con:**	Leo, Libra

La piedra del sol, un tipo de feldespato, obtiene su tono rojo anaranjado de la hematites. El feldespato no solo es el mineral más común de la corteza terrestre, sino que también se encuentra en la Luna y en los meteoritos. Se considera un cristal de liderazgo, que encarna la luz, la apertura, la calidez, la fuerza y la claridad mental.

Ojo de tigre

Desarrollo emocional:		Induce a mantener una perspectiva positiva, con optimismo, seguridad y equilibrio; disminuye los cambios de humor.
Crecimiento de mente/ espíritu:		Despierta la intuición y abre el camino al conocimiento interior; ideal para la vitalidad, la fuerza y el equilibrio.
Chakras:		Equilibra los chakras de la base y del plexo solar.
Afín con:		Capricornio

El ojo de tigre se forma cuando el cristal de cuarzo sustituye a algunas de las fibras del amianto (ya sean azules o doradas); estas numerosas «fibras» reflejan la luz, creando un efecto similar al que produce el ojo de gato. El ojo de tigre más común es una combinación iridiscente de marrones, cremas y dorados intensos. Este cristal simboliza la unión de la tierra (marrón) con el sol (dorado) y nos levanta el ánimo a la vez que nos mantiene enraizados. Su parecido con un ojo motivó su uso en la Edad Media como protección contra el mal de ojo y otras fuerzas externas del mal.

Topacio

💙	**Desarrollo emocional:**	Aumenta los sentimientos de alegría y bienestar; potencia la energía y motivación.
✳️	**Crecimiento de mente/espíritu:**	Trae buena suerte; aumenta la claridad mental; ayuda a manifestar los objetivos personales; fomenta la transición y el cambio.
🌸	**Chakras:**	Apoya el chakra corona.
◎	**Afín con:**	Sagitario

Se dice que Zebirget, en el mar Rojo, era el emplazamiento de la antigua Topazios, la fuente más antigua de topacio. Parece que calma, cura y recarga el cuerpo; es un cristal precioso y muy buscado, pues se considera que dirige la energía curativa hacia donde más se necesita.

Ágata arbórea o ágata dendrítica

💙	**Desarrollo emocional:**	Calma los nervios y favorece los sentimientos de paz y tranquilidad interior; disipa las emociones negativas.
✳️	**Crecimiento de mente/espíritu:**	Mejora la meditación; aporta claridad y estabilidad mental; fomenta una conexión profunda con la naturaleza.
🌸	**Chakras:**	Ayuda a los chakras del corazón y corona.
◎	**Afín con:**	Virgo

Con una estrecha afinidad con el ágata musgosa, parece que este cristal calma los nervios y ayuda a las personas a conectar con la naturaleza y su entorno. Se considera el cristal del equilibrio, y los practicantes de cristales utilizarán el ágata arbórea para erradicar literalmente la causa de un problema.

Turquesa

♡	**Desarrollo emocional:**	Ayuda a verbalizar los sentimientos, a la creatividad y a la realización de las esperanzas y los sueños; suaviza el impacto de acontecimientos traumáticos.
✺	**Crecimiento de mente/espíritu:**	Conecta lo mental y lo espiritual; permite utilizar nuestro conocimiento interior y sabiduría de forma práctica.
✿	**Chakras:**	Estimula y equilibra los chakras del corazón, de la garganta y del tercer ojo.
◉	**Afín con:**	Escorpio, Capricornio, Piscis

Tradicionalmente, la turquesa se recibía como regalo y nunca se compraba para uno mismo. Los antiguos egipcios creían que evitaba el mal de ojo, y en el Tíbet se consideraba un cristal de la suerte. Algunos nativos americanos la utilizaban para invocar a la lluvia y los chamanes siempre llevaban una consigo.

Unakita

♡	**Desarrollo emocional:**	Aporta estabilidad y equilibrio emocional; proporciona un efecto calmante; promueve sentimientos de paz y tranquilidad.
✺	**Crecimiento de mente/espíritu:**	Potencia la visión espiritual y libera suavemente los bloqueos energéticos.
✿	**Chakras:**	Favorece los chakras del corazón y del tercer ojo.
◉	**Afín con:**	Escorpio

La unakita, como todos los jaspes, proporciona confort y seguridad, e incrementa la fuerza interior. Combina la energía nutritiva del verde con la compasión del rosa, lo que convierte a este cristal en un fuerte símbolo de amor. Muchos consideran la unakita una herramienta útil para superar adicciones, como el tabaquismo.

Variscita

♡ **Desarrollo emocional:** Calma y suaviza las emociones; promueve sentimientos de paz y amor; eleva el estado de ánimo; ayuda a la conexión social.

🌱 **Crecimiento de mente/espíritu:** Potencia la meditación, la adivinación y la intuición; favorece una conexión profunda con la naturaleza y el mundo.

🪷 **Chakras:** Estimula los chakras del plexo solar y del corazón

◎ **Afín con:** Tauro, Géminis, Virgo, Escorpio

A veces confundida con la turquesa, la variscita absorbe los aceites corporales, por lo que no se recomienda como joya. Estrechamente alineada con el corazón, la variscita puede ayudarnos a ser benevolentes, liberándonos de juicios y abriéndonos los ojos a puntos de vista contrarios. En meditación, la variscita puede calmar y centrar la mente, y guiar al meditador hacia soluciones para viejos problemas. También se conoce como «utahlita».

Turmalina sandía

♡ **Desarrollo emocional:** Libera la tensión y el estrés, las inseguridades y la depresión; inspira la creatividad.

🌱 **Crecimiento de mente/espíritu:** Potencia la meditación para eliminar pautas negativas de comportamiento; fomenta formas de pensar diferentes; favorece una conexión más profunda con la naturaleza.

🪷 **Chakras:** Ayuda al chakra del corazón.

◎ **Afín con:** Géminis, Virgo

Conocida como cristal del corazón, se dice que la turmalina sandía desbloquea viejas heridas, dejando espacio para un nuevo amor. Parece que aplaca la ansiedad y la depresión y favorece sentimientos desenfadados de alegría, inocencia y aventura.

Aventurina amarilla

💙	**Desarrollo emocional:**	Alivia la ansiedad y la hipersensibilidad; proporciona equilibrio y tranquilidad; fomenta la compasión y el altruismo; ayuda en la toma de decisiones.
✳	**Crecimiento de mente/espíritu:**	Proporciona alegría y satisfacción espirituales; potencia las visiones, la meditación y el despertar espiritual.
🪷	**Chakras:**	Apoya los chakras sacro y del plexo solar.
◎	**Afín con:**	Aries

La aventurina amarilla se considera un cristal maravilloso para quienes se sienten intranquilos o indecisos, ya que proporciona un centro de enraizamiento a las emociones dispersas. Como todas las aventurinas, se cree que la variedad amarilla equilibra el yin y el yang y estabiliza los sentimientos de discordia, especialmente para las almas sensibles.

Jaspe amarillo

💙	**Desarrollo emocional:**	Tiene un efecto de enraizamiento y elevación; proporciona fuerza interior, fuerza de voluntad y optimismo; sostiene y apoya en momentos de estrés.
✳	**Crecimiento de mente/espíritu:**	Infunde energía positiva a la mente, el cuerpo y el espíritu; ofrece protección durante un viaje espiritual.
🪷	**Chakras:**	Ayuda a los chakras raíz y del plexo solar.
◎	**Afín con:**	Leo

Se cree que el jaspe amarillo proporciona una profunda conexión con la tierra y es un símbolo de aprendizaje e intelecto, lo que lo convierte en un cristal beneficioso para tener en el lugar de trabajo. Se considera útil para desviar los celos y los cotilleos, superar las preocupaciones profundas y fomentar la resolución y la resistencia.

Índice alfabético